Changer d'employeur ?

Mode d'emploi

Guy Desaunay

Changer d'employeur ?

Mode d'emploi

Introduction

Changer d'employeur est un projet que l'on évoque souvent, sans passer à l'acte. On en rêve, on en parle, on envisage quelques démarches, et le plus souvent, on en reste là. Il est vrai que c'est une opération lourde au succès aléatoire. La réussir suppose une réflexion approfondie, une mobilisation d'énergie et la mise en œuvre de moyens adéquats.

Changer d'entreprise n'a en effet de sens que si le changement apporte un mieux sensible, soit que la nouvelle entreprise ait une meilleure atmosphère ou offre plus de possibilités de promotion, soit que le poste soit effectivement plus intéressant que celui que l'on occupe actuellement, soit que l'entreprise soit simplement plus solide. Quitter un poste médiocre dans une entreprise médiocre pour un poste équivalent dans une entreprise sans avenir n'a évidemment aucun intérêt.

Le premier point est assurément de savoir s'il faut quitter l'employeur actuel et donc de l'évaluer le plus objectivement possible. Si l'on se plaint souvent de l'entreprise dans laquelle on travaille, fréquemment on la connaît mal et l'on se plaint plus de travers désagréables mais mineurs que l'on ne s'inquiète de ses marchés, de ses résultats financiers ou des faiblesses de son management. Il va de soi que cela dépend beaucoup du poste occupé. Une caissière de supermarché pourra changer d'entreprise pour seulement assurer plus facilement la garde de ses enfants. Un cadre confirmé voudra, lui, quitter un secteur traditionnel pour une entreprise de haute technologie, pensant qu'elle aura plus d'avenir et que donc lui aussi à travers elle. Un jeune cadre changera d'entreprise simplement pour diversifier son expérience ou entrera dans une entreprise dont il est de notoriété publique qu'elle assure une excellente formation.

Le second point est de savoir ce que l'on vaut sur le marché du travail et donc d'évaluer le plus précisément possible ses forces et ses faiblesses. On se connaît souvent assez mal. On évalue parfois un point comme faiblesse alors que cela ne préoccupe personne d'autre. On prend parfois pour force ce qui agace en fait l'entourage. Sur le plan technique, l'on est le plus souvent objectif. Mais sur le plan de la personnalité, qui préoccupe de plus en plus les entreprises, surtout pour les postes de responsabilité, il est difficile d'avoir la vue que les autres ont en fait de vous. Un effort est donc nécessaire.

Il faut aussi connaître ce qu'offre le marché du travail pour soi et non en général. L'âge peut être devenu un handicap. Un domaine dans lequel on s'était spécialisé peut avoir perdu de l'importance. Un diplôme peut avoir perdu de son prestige. La maîtrise de procédures « maison » peut être difficilement transférable dans d'autres entreprises. Même un marché globalement porteur peut comporter des écueils !

Il faut ensuite arbitrer, c'est-à-dire décider si le changement d'entreprise vaut la peine d'être tenté. Et décider, non seulement en fonction de ce que l'on sait faire, mais aussi de ce que l'on est en termes de personnalité, par exemple en fonction de son goût ou de son aversion pour le risque.

Si la réponse est positive, il faut alors se préparer à passer avec succès l'épreuve d'un recrutement. Avoir un CV qui subit positivement l'examen du premier tri. Savoir réussir un premier entretien qui en appelle un second.

Si l'on veut faire les choses rationnellement, c'est-à-dire mettre toutes les chances de son côté, on voit que cela demande une réflexion approfondie et un effort certain.

Diagnostiquez votre employeur actuel

Les entreprises consacrent beaucoup de temps, de compétences et d'argent à évaluer leurs collaborateurs. Le recrutement est par définition une évaluation de l'adéquation d'un individu et d'un poste ou de l'évaluation du potentiel d'un jeune diplômé. Les promotions se fondent en principe sur une évaluation des performances. La séparation, si elle est individuelle, résulte d'une autre évaluation, car l'entreprise estime qu'il n'y a plus d'adéquation entre le collaborateur et son poste, ou lui-même fait la même estimation entre son potentiel et l'évolution de carrière que lui offre l'entreprise.

Nombre de ces évaluations ont des fondements scientifiques quelque peu incertains. C'est ainsi que la graphologie n'est pas reconnue par la communauté scientifique et que beaucoup de tests ont des validations insuffisantes. L'utilisation de ces évaluations est de plus parfois discutable. Et face à elles, les salariés sont fort démunis pour tenter une évaluation de l'entreprise qui les emploie, et ce pour au moins trois raisons.

La première est que la loi privilégie les entreprises comme créatrices d'emplois et de richesses, par rapport aux particuliers. De plus dans les trois composantes de l'entreprise que sont le capital, le management et le travail, le capital, ses propriétaires et ses représentants sont étonnamment avantagés. La plupart du temps, la plupart des salariés ne disposent pas des informations clés qui leur permettraient d'évaluer l'entreprise qui les emploie, de façon à ne vendre leur force de travail qu'à des entreprises qui en valent la peine.

La seconde est que beaucoup de salariés ne perçoivent pas l'utilité d'une telle évaluation. Les jeunes diplômés, par exemple, se laissent éblouir par un poste, un salaire, une image d'entreprise. Ils choisissent certes un poste en fonction de leurs compétences ou de leur intérêt, mais plus rarement un secteur, et encore plus rarement une entreprise. S'ils le font, ce sera en fonction d'avantages immédiats et non en fonction de la pérennité de la structure ou de la solidité de ses marchés. Les salariés à la recherche d'un emploi, trop contents d'en trouver un (et on les comprend !) ne seront peut-être pas assez critiques. D'autres ne prendront en compte qu'un aspect, par exemple la sécurité de l'emploi qu'offrent la plupart des administrations, sans suffisamment peut-être, envisager d'autres aspects : possibilités d'avancement, intérêt du travail, etc.

La troisième est que cette évaluation demande une recherche active d'informations. Les bilans officiels présentent peu d'intérêt et en tout cas demandent à être interprétés. Certaines informations sont cachées et particulièrement celles qui concernent les aspects financiers ou de stratégie Par crainte de la concurrence, certes. Par habitude, les hautes sphères manifestant généralement un déficit en matière de communication. Par mépris aussi, hélas! les salariés étant souvent considérés comme fort incapables de s'élever à la hauteur de vue nécessaire.

Beaucoup d'informations sont cependant disponibles. Elles suintent des murs, des comportements, des messages divers que l'entreprise diffuse, souvent sans s'en apercevoir. Encore faut-il, pour utiliser cette information, se donner d'abord la peine de la rechercher. Il faut également, dans certains cas, disposer de grilles d'interprétation psychologique, sociologique, politique ou financière pour donner à cette information la signification qu'elle comporte.

Pourquoi faire ce diagnostic ?

Très exactement pour les mêmes raisons que l'on vous évalue vous, ou qu'un cabinet d'audit évalue une entreprise : pour savoir s'il vaut la peine d'y investir. L'investissement que représente votre vie professionnelle, doit être placé dans une entreprise qui le fera fructifier. Et non dans une entreprise dont :

- les marchés disparaissent ou dont les produits sont en fin de courbe de vie ;
- les investissements sont insuffisants ;
- la politique sociale est exécrable ;
- le management est inexistant, ou axée sue le très court terme ;
- qui est prête à se vendre au plus offrant, qui achètera les produits ou les marchés et jettera les employés.

Ceci étant, il n'y a pas que l'entreprise en tant que telle. On peut assurément travailler dans une entreprise simplement parce qu'elle est à cinq minutes de chez soi !

Dans un premier temps, il faut donc évaluer l'entreprise elle-même, mais aussi les avantages annexes : temps de transport, proximité d'une école...

Dans un deuxième temps, s'évaluer soi-même : diplômes, compétences, expérience, points faibles éventuellement.

Dans un troisième temps évaluer le marché du travail sur lequel on est. Certains sont ouverts, d'autres étroits.

Il faut enfin faire un bilan de l'ensemble des avantages et des inconvénients, comprenant le présent et le futur et se poser la question clé : dois-je y entrer ou rester dans cette entreprise, quelque temps, longtemps, le plus longtemps possible ? Ou dois-je avoir une stratégie me permettant de me valoriser dans une autre entreprise ?

Comment évaluer ?

Être salarié d'une entreprise recouvre des statuts et des responsabilités extrêmement différents. Cela recouvre aussi un accès singulièrement différencié à l'information. Dans cette évaluation, tout ne vous concerne donc pas aussi directement. Cependant, si vous n'en disposez pas, essayez d'obtenir l'information qui ne vous est pas directement accessible. Si vous avez cette information, ne négligez pas certains points sous le prétexte que c'est évident. De petites évidences cumulées peuvent faire découvrir un élément caché important. Par ailleurs évaluer, c'est donner une valeur, en fonction d'un certain nombre de paramètres, eux-mêmes pondérés. Tous les paramètres n'ont pas la même importance pour chacun, essentiellement en fonction du poste qu'il occupe, nous venons de le dire.

Mais surtout la **pondération** peut être diversifiée selon la psychologie de chacun. Certains feront primer la sécurité et d'autres le risque et chacun à bon droit. N'hésitez donc pas à **personnaliser** cette pondération. Il s'agit de votre évaluation et non de celle de quelqu'un d'autre !

Que faire de l'évaluation ?

Exactement ce qu'en ferait un financier. Le résultat peut être situé à deux niveaux : la quantité d'investissement à faire dans cette entreprise, si vous y restez. Le report de votre investissement sur une autre entreprise, si vous pensez que la balance avantages / inconvénients est vraiment défavorable.

Dans le premier cas, il s'agit de doser votre effort. Il va de soi que puisque vous recevez un salaire, vous devez à l'entreprise la contrepartie de ce salaire en travail. Dans certains postes, ce devoir ne s'arrête pas au travail brut, mais doit comprendre votre créativité, vos initiatives ou votre sens de la responsabilité. Mais il n'est peut-être pas nécessaire de vous user physiquement ou moralement pour une entreprise qui ne reconnaît pas vos efforts ou qui est si mal gérée que de toute façon vos efforts ne serviront à rien. Votre salaire n'exige pas un ulcère d'estomac ! Contrairement à ce que pensent beaucoup de patrons !

Dans le second cas, il s'agit d'arbitrer aussi froidement que si vous gériez votre portefeuille d'actions ou vos économies. Savoir vendre des actions au bon moment est considéré comme de la saine gestion. Savoir quitter une entreprise relève de la même bonne gestion.

Le système de notation

Ce diagnostic s'effectuera à partir de notes, affectées d'un coefficient, que vous donnerez à un certain nombre de dimensions (des relations hiérarchiques à la finance) qui recouvrent les aspects les plus importants de la vie de l'entreprise.

Il va de soi que ces dimensions sont plus ou moins adaptées à l'entreprise que vous évaluez. Mais l'extrême diversité des entreprises (publiques ou privées, de service ou de production, de très grande taille ou de quelques personnes, traditionnelles ou de la nouvelle économie) ne permet guère de prévoir *a priori* tous les cas de figure possibles. N'hésitez donc pas à modifier les dimensions qui vous sont proposés pour être plus proche de la réalité de l'entreprise que vous évaluez. Évitez de donner un grand nombre de non réponses sous le prétexte que telle ou telle rubrique ne concerne pas l'entreprise examinée. Essayez de transposer. Une entreprise de service ne produit pas au sens strict du terme et vous vous demanderez peut-être ce que signifient alors les relations avec les fournisseurs ou la gestion des stocks. Cependant dans nombre de cas, une équivalence peut être trouvée. Recherchez-la. Votre évaluation sera d'autant plus précise que vous aurez fait un effort pour la rendre telle.

Essayez d'évaluer aussi les entreprises pour lesquelles vous êtes candidat à un nouveau poste. Il va de soi que dans ce cas, vous disposez d'infiniment moins d'informations. D'une part, vous pourrez tenter de combler ces manques avant les entretiens de recrutement. Commencez par visiter le site Internet de l'entreprise, s'il existe. C'est évidemment de la pub et son information est sujette à caution. Mais vous verrez au moins le soin qui y est apporté. Utilisez certaines sociétés qui donnent des renseignements sur les entreprises. Utilisez les informations légales obligatoires.

D'autre part, vous pourrez, dans certains cas, vous demander si cela vaut la peine de postuler dans une entreprise que vous connaissez si mal. Enfin, vous pourrez disposer d'un guide (à adapter, bien sûr ! pour ne pas être inquisitorial) de recherche d'informations lors des entretiens.

Un chapitre particulier sera consacré à ces évaluations.

Note et coefficient

Vous avez de l'information

La note exprime la qualité du sujet traité (le contrôle de gestion, le marketing, etc.) dans l'entreprise en cause. Le coefficient exprime l'importance que, vous, vous attachez à ce thème. Par exemple, vous pensez que les relations hiérarchiques sont particulièrement difficiles dans cette entreprise. Vous donnerez une note de 2 ou de 3 sur 10. Vous pensez également que ces relations difficiles pèsent lourdement sur votre travail et même votre vie privée. Vous mettrez donc un coefficient élevé de 4 ou de 5.

Si le sujet en cause n'a guère d'importance ni pour vous ni pour l'entreprise, vous mettrez un coefficient faible. Si telle entreprise nationale est lourdement endettée, cela peut n'avoir qu'une faible importance, car l'État, c'est à dire le contribuable, paiera. Après tout lorsqu'une banque gagne de l'argent, on la privatise, si elle en perd, on la nationalise, Dans ce cas, vous mettrez un coefficient faible, car cela n'affectera pas votre vie professionnelle.

Pour que vous n'ayez pas un résultat exagérément subjectif, nous avons limité le choix du coefficient dans un intervalle de 1 à 5.

Vous n'avez pas d'information

Lorsque vous n'avez aucune information sur un point donné,.

soit que cela ne concerne pas l'entreprise en cause ;

soit que vous n'ayez aucune information sûre ;

nous vous conseillons de ne pas mettre de note. Le calcul n'en sera pas affecté, mais il va de soi que le résultat global sera moins fiable. Faites évidemment un effort pour éviter ces absences de note. Évitez de mettre une note moyenne et un coefficient faible si vous n'avez pas d'information. Sur certains points, le manque d'information est normal pour un poste donné.

Dans certains cas, les thèmes proposés seront mal adaptés à l'entreprise considérée. Essayez de les aménager. Nous avons aussi prévu dans la notation trois thèmes « vides » où vous pourrez traiter des thèmes qui vous apparaîtraient importants mais que nous n'avons pas traité.

Faut-il noter l'établissement, l'entreprise ou le groupe ?

Imaginons que vous travaillez dans une grande banque française. Elle comprend des agences, c'est ce que nous appelons établissement. Elle comprend la banque elle-même, ce que nous appelons entreprise. Mais celle-ci comprend aussi des filiales, des participations, etc. C'est cet ensemble que nous appelons groupe.

Le point est de savoir dans quelle entité vous pouvez faire carrière ou être affecté. C'est essentiellement fonction de votre niveau hiérarchique. Dans des postes simples, c'est au niveau de l'entreprise au sens étroit, parfois de l'établissement ou de l'usine même. Si vous êtes manutentionnaire, un déplacement de 100 km vous posera problème. C'est donc l'établissement qu'il s'agit de noter.

Dans des postes de direction, c'est au niveau du groupe. Si vous êtes directeur financier d'un établissement, vous pouvez l'être dans un autre établissement du groupe, fut-ce à l'étranger.

Comment reporter les notes ?

Le plus simple est de photocopier les pages où vous pourrez faire ces reports. Ce sera plus facile que de passer d'une page à l'autre de l'ouvrage.

Les relations hiérarchiques

De mauvaises relations hiérarchiques peuvent littéralement empoisonner la vie en entreprise, particulièrement s'il s'agit de la relation avec le supérieur immédiat. C'est donc souvent un point qui peut faire envisager de changer d'entreprise. N'hésitez pas à mettre un coefficient important aux items 6 à 10.

1. L'ORGANIGRAMME

C'est un point clé car un organigramme bien structuré, est le signe d'une entreprise bien organisée.

<table>
<tr><td colspan="2" align="center">Grille n° 1
L'organigramme</td></tr>
<tr><td align="center">Aspect traité</td><td align="center">Appréciation
(Cochez la ligne qui vous paraît convenir)</td></tr>
<tr><td>Existence</td><td>❑ Existe
❑ Doit exister dans un placard
❑ N'existe pas.</td></tr>
<tr><td>Communication</td><td>❑ Est communiqué.
❑ Existe probablement mais n'est pas communiqué</td></tr>
<tr><td>Clarté</td><td>❑ Clair
❑ A peu près illisible.</td></tr>
</table>

Réalisme	❑ Décrit l'entreprise telle quelle existe.
	❑ Se réfère surtout à l'histoire
	❑ Se réfère aux idées préconçues d'un cabinet conseil.
Utilité	❑ Utile et utilisé en définissant les relations hiérarchiques et en servant de support aux définitions de fonction..
	❑ Trop imprécis et laisse place à des recouvrements de tâches ou à des tâches non attribuées.
Évolution	❑ Évolue en fonction de la vie de l'entreprise.
	❑ Figé ou évolue avec retard.

Note sur 10 :
Pondération (de 1 à 5) :
Note pondérée (Note * Pondération) :
Reportez les chiffres sur votre grille page 113 et sq.

2. LA DISTANCE HIÉRARCHIQUE

C'est un des termes de la relation hiérarchique : elle qualifie le plus ou moins grand degré de distance que la hiérarchie met entre elle et les subordonnés. Elle se marque par le vouvoiement ou le tutoiement, le plus ou moins grand degré de familiarité tolérée, mais aussi par le style de la surveillance (du confiant au policier), le style de la communication, l'importance de l'information donnée, etc. Elle est en général plus grande dans les administrations, les entreprises bureaucratiques, les entreprises à capital familial (où les relations sont apparemment plus personnelles mais avec des différences de statut fortes).

La distance hiérarchique peut être appréciée par chacun de façon très diverse. Certains sont plus à l'aise dans des structures impersonnelles aux distances importantes, d'autres préféreront des systèmes aux relations plus détendues et plus amicales. La spécificité psychologique de chacun joue ici fortement. Par ailleurs certaines structures à distance forte sont également des structures très protectrices des individus : cas de l'administration française. C'est un point à considérer. En revanche, certaines structures à distance faible (type sociétés de conseil, formation), dont l'idéologie officielle est celle de l'amitié, peuvent être des structures très contraignantes, avec des relations affectives fortes, mais difficiles et sujettes à ruptures, crises et renversements (véritables scènes de ménage!). On aime ou on ne supporte pas ! Donnez donc une **Pondération** très personnelle à ces aspects.

La distance physique

C'est la distance imposée par l'organisation physique de l'entreprise. Il va de soi que cette organisation peut être technique et imposée par des impératifs liés à la production, le stockage, etc. Elle peut être aussi psychologique ou sociale : il n'y a aucune raison technique pour que, dans la plupart des entreprises, la Direction soit située aux étages supérieurs. Mais c'est un bon symbole de la hiérarchie : les chefs sont en haut.

La distance structurelle

C'est la distance imposée par la structure de l'entreprise. Entre un instituteur non titulaire et le ministre de l'Éducation nationale, elle est presque infinie. Cette structure n'est pas intangible. Si cette distance structurelle est considérable, il est probable que cela arrange la hiérarchie pour une raison ou une autre

La distance psychologique

Elle est très liée à la culture de l'entreprise, à des raisons historiques, à la personnalité des dirigeants. C'est un point qui demande interprétation. Des relations apparemment détendues : tutoiement, pas de cravate, bureaux ouverts, peuvent cacher des relations cependant très formelles dès qu'il s'agit d'autre chose que d'apparences.

Grille n° 2
La distance hiérarchique

Aspect traité	Appréciation (Cochez la ligne qui vous paraît convenir)
La distance physique	❑ Direction et personnel sont très séparés (espaces séparés, circulation séparée, restaurants séparés). ❑ Direction et personnel sont séparés (bâtiments séparés ou étages séparés). ❑ La séparation existe mais elle est fonctionnelle. ❑ La différence hiérarchique n'est pas marquée physiquement.
La distance structurelle	❑ Forte centralisation : toutes les décisions remontent au sommet de la hiérarchie. Impossibilité de peser sur ces décisions. Difficulté même à les connaître. ❑ Centralisation uniquement pour les décisions importantes, mais mêmes problèmes que ci-dessus. ❑ Centralisation, mais possibilités de se faire entendre. ❑ Décentralisation effective.
La distance psychologique	❑ Relations très formelles : vouvoiement, usage des titres, direction inapprochable. ❑ Relations formelles mais tempérées par des aspects informels. ❑ Relations proches de relations amicales, du moins avec la hiérarchie immédiate

Note sur 10 :
Pondération (de 1 à 5) :
Note pondérée (note * pondération) :
Reportez les chiffres sur votre grille page 113 et sq..

3. PROFIL DE LA HIÉRARCHIE

La difficulté d'appréciation, ici, peut venir de grandes différences selon les services. Le service communication pourra être plus jeune que d'autres simplement parce que la communication est une activité plus récente et que les diplômés, dans ce domaine sont jeunes. Idem pour le service informatique. En revanche, le service comptabilité, activité traditionnelle, pourra être plus âgé. Il s'agit donc de définir une tendance générale liée à la culture ou à la stratégie de l'entreprise.

Grille n° 3
Le profil de la hiérarchie

Aspect traité	Appréciation (Cochez la ligne qui vous paraît convenir)
Ancienneté	❑ Trop de « vieilles croûtes ». ❑ Équilibrée : une pyramide des âges harmonieuse est un souci de la direction. ❑ Pas assez de gens d'expérience.

Durée moyenne dans un poste	❑ Trop longue : le manque de promotions est un facteur négatif. ❑ Équilibrée. ❑ Pas assez : le personnel valse !
Vision d'avenir managériale	❑ Nulle : pas de stratégie de long terme. Réactivité au trop court terme. ❑ Correcte et communiquée.
Capacité d'innovation	❑ Très faible. Peu de produits nouveaux, faible réactivité au marché, à la concurrence. On campe sur ses positions. ❑ Forte. Les capacités de chacun sont sollicitées et utilisées.
Créativité	❑ Surtout pas, elle dérange ! ❑ Stimulation de la créativité de chacun. Idées appréciées. ❑ Idées sollicitées et utilisées.
Sens du risque	❑ Insuffisant. Des occasions sont manquées. ❑ Mentalité de pionnier. ❑ Trop fort : on tente des coups qui réussissent plus ou moins.
Capacité de décision	❑ Incapacité à décider. ❑ En retard sur l'événement. ❑ Difficultés d'arbitrage entre les grands barons. ❑ Décisions mal informées : s'apparentent à la roulette russe. ❑ Trop rapide. Réactions trop à court terme. ❑ Correcte. ❑ Excellente : forte réactivité à l'événement.

Note sur 10 :
Pondération (de 1 à 5) :
Note pondérée (note * pondération) :
Reportez les chiffres sur votre grille page 113 et sq..

4. COMPOSITION DE LA HIÉRARCHIE

Les différences peuvent être fortes selon les pays d'origine de l'entreprise. La France est caractérisée par une grande rigidité dans ce domaine, favorisée par le système des grandes écoles (X, ENA, HEC, Centrale, etc.), certains postes étant littéralement réservés à leurs anciens élèves. Or, évidemment, la réussite à un concours n'est pas une garantie de compétence professionnelle, si elle peut l'être d'une certaine forme d'intelligence. Il en est souvent de même pour les universités américaines : Harvard, M.I.T. Ou en Angleterre pour Oxford ou Cambridge, etc.

A l'heure actuelle, les multinationales s'adaptent aux cultures des pays où se trouvent leurs filiales, mais elles gardent toujours une partie de leurs caractéristiques d'origine.

Grille n° 4 **La composition de la hiérarchie**	
Aspect traité	**Appréciation** (Cochez la ligne qui vous paraît convenir)

Origine	❑ Hiérarchie de type maffia : tous les dirigeants ou presque sortent du même moule. Il est très difficile d'accéder à un poste de haute responsabilité si l'on ne fait pas partie de cette coterie. ❑ Certaines fonctions colonisées par les anciens de …, mais plusieurs institutions représentées. ❑ Bonne diversification.
Critères de nominat ion	❑ Hiérarchie nommée essentiellement pour des raisons de camaraderie ou de copinage. ❑ Hiérarchie nommée à l'ancienneté. ❑ Nommée essentiellement en fonction des diplômes. ❑ Hiérarchie nommée pour ses compétences.
Critères d'avanc ement	❑ Avancement essentiellement pour des raisons de camaraderie ou de copinage. ❑ Avancement à l'ancienneté. ❑ Avancement essentiellement en fonction des diplômes. ❑ Avancement en fonction des compétences.
Note sur 10 : Pondération (de 1 à 5) : Note pondérée (note * pondération) : Reportez les chiffres sur votre grille page 113 et sq..	

5. LONGUEUR DE LA LIGNE HIÉRARCHIQUE

Elle doit être appréciée en fonction de la taille de l'entreprise, bien sûr. Il s'agit ici de prendre en compte la ligne hiérarchique qui entre en jeu dans votre travail, pour autant qu'elle pèse sur votre travail.

Grille n° 5
Longueur de la ligne hiérarchique

Aspect traité	Appréciation (Cochez la ligne qui vous paraît convenir)
Longueur de la ligne hiérarchique	❑ Excessive. ❑ Insuffisante (pas de management intermédiaire). ❑ Correcte.

Note sur 10 :
Pondération (de 1 à 5)
Note pondérée (note * pondération) :
Reportez les chiffres sur votre grille page 113 et sq..

---

6. RELATIONS AVEC LA HIÉRARCHIE EN GÉNÉRAL

Il s'agit ici de la hiérarchie hors votre propre supérieur hiérarchique.

Grille n° 6
La composition de la hiérarchie

Aspect traité	Appréciation (Cochez la ligne qui vous paraît convenir)
Droit à l'erreur	❑ La moindre erreur est sanctionnée. ❑ Droit réel à l'erreur.

Initiatives	❏ Les initiatives sont officiellement encouragées mais la moindre erreur coûte cher. ❏ Initiatives découragées : pas de vagues. ❏ Initiatives réellement encouragées.
Couverture	❏ Couverture insuffisante : la hiérarchie ne couvre pas ses collaborateurs en cas de problèmes quels qu'ils soient. ❏ Les erreurs normales sont couvertes.
Communication	❏ Ouverte ❏ Difficile.

Note sur 10 :
Pondération (de 1 à 5) :
Note pondérée (note * pondération) :
Reportez les notes sur votre grille.

Relations professionnelles avec le hiérarchique direct

C'est un point capital, car la vie quotidienne, pour le meilleur et pour le pire, est très liée à la qualité des relations avec le supérieur hiérarchique immédiat.

Grille n° 7
Relations professionnelles avec le hiérarchique direct

Aspect traité	Appréciation (Cochez la ligne qui vous paraît convenir)
Autonomie vis-à-vis de lui	❏ Commandement traditionnel : ordres donnés mais non expliqués. ❏ Commandement traditionnel mais tempéré par des relations agréables. ❏ Ordres donnés mais raisons d'être expliquées. ❏ Tâches fixées après discussion. ❏ Un cadre de travail est discuté dans lequel je suis autonome. ❏ Autonomie à l'intérieur d'objectifs discutés. ❏ Totale autonomie : je me fixe mes objectifs.
Information	❏ Le supérieur fait de la rétention d'information systématique. ❏ Rétention d'information sur certains points. ❏ Suffisante, sans plus ❏ J'obtiens l'information que je demande. ❏ Aucun problème.
Motivation	❏ Je suis à la limite de la démotivation. ❏ Je me motive tout seul. ❏ Sait me motiver par différents moyens.

Progression	❑ Mon supérieur semblerait plutôt vouloir me faire régresser. ❑ S'en moque. ❑ Me fait des critiques constructives qui m'aident à progresser
Défense	❑ Mon supérieur m'abandonne en cas de difficulté. ❑ Mon supérieur sait me défendre et me couvrir.
Carrière	❑ Semble plutôt vouloir me mettre des bâtons dans les roues. ❑ Indifférence. ❑ Se préoccupe de ma formation et de ma carrière
« Note de gueule » Notez ici tout ce qui est peu formalisabe .	❑ Du franchement antipathique... ❑ ... ❑ Au vraiment sympathique

Note sur 10 :
Pondération (de 1 à 5) :
Note pondérée (note * pondération) :
Reportez les chiffres sur votre grille page 113 et sq..

Caractéristiques personnelles du hiérarchique direct

Il s'agit essentiellement de sa personnalité.

Grille n° 8
Caractéristiques personnelles

Aspect traité	Appréciation
	(Cochez la ligne qui vous paraît convenir)
Réalisme	❑ Surestime ses forces. Sous-estime les difficultés.
	❑ Réaliste.
Organisation	❑ Vétilleux.
	❑ Méticuleux.
	❑ Ordonné
	❑ Un peu brouillon.
	❑ La pagaille.
Maîtrise de soi	❑ Calme. Se maîtrise.
	❑ ...
	❑ Coléreux, emporté.
Capacité de décision	❑ Sait décider en temps et en heure.
	❑ Décisions trop rapides et irraisonnées.
	❑ Incapable de prendre une décision.

Note sur 10 :
Pondération (de 1 à 5) :
Note pondérée (note * pondération) :
Reportez les chiffres sur votre grille page 113 et sq..

Caractéristiques relationnelles du hiérarchique direct

Grille n° 9
Caractéristiques relationnelles

Aspect traité	**Appréciation** (Cochez la ligne qui vous paraît convenir)
Gestion des conflits	❑ Son attitude engendre ou attise les conflits entre les collaborateurs. ❑ Ne sait pas résoudre les conflits. ❑ Sait résoudre les conflits entre collaborateurs.
Contact	❑ Contact difficile. ❑ ... ❑ Bon contact direct.
Capacité à couvrir ses collaborateurs	❑ « Laisse tomber » ses collaborateurs. ❑ ... ❑ Couvre ses collaborateurs.
Fiabilité	❑ Ne tient pas ses promesses. ❑ ... ❑ Fiable : tient ses promesses.
Continuité	❑ Ordres contradictoires. ❑ ... ❑ Bonne continuité dans sa stratégie.
Attitude vis-à-vis des collaborateurs	❑ Joue ses collaborateurs les uns contre les autres. ❑ ... ❑ Sait faire coopérer ses collaborateurs.
Altruisme	❑ Pense d'abord et surtout à sa carrière. ❑ ... ❑ Aide ses collaborateurs.

Note sur 10 :
Pondération (de 1 à 5) :
Note pondérée (note * pondération) :
Reportez les chiffres sur votre grille page 113 et sq..

Caractéristiques gestionnaires du hiérarchique direct

Grille n° 10	
Caractéristiques gestionnaires du hiérarchique direct	
Aspect traité	**Appréciation** (Cochez la ligne qui vous paraît convenir)
Vue d'ensemble de sa fonction	❑ Trop impliqué dans une des fonctions de l'ensemble de ses responsabilités. ❑ Bonne vue d'ensemble.
Court terme / long terme	❑ Dépendance vis-à-vis du quotidien. ❑ Trop centré sur le trop long terme. ❑ Bon équilibre.
Stratégie	❑ Pas de vue stratégique ❑ Capacité stratégique.
Délégation	❑ Incapacité à déléguer. ❑ Délégation correcte. ❑ Laisse aller.

Insertion dans l'entreprise	❏ Trop soumis à ses propres supérieurs
	❏ Indépendance suffisante
	❏ Joue un jeu personnel.

Note sur 10 :
Pondération (de 1 à 5) :
Note pondérée (note * pondération) :
Reportez les chiffres sur votre grille page 113 et sq..

Votre autorité sur vos collaborateurs

Autorité doit être entendu ici au sens large, et non au sens de « autoritaire ». Il s'agit essentiellement de votre capacité de manœuvre et aussi des moyens dont vous disposez effectivement pour atteindre les résultats qui vous sont fixés.

Grille n° 11	
Votre autorité sur vos collaborateurs	
Aspect traité	**Appréciation** (Cochez la ligne qui vous paraît convenir)
Sur le recrutement	❏ Autorité nulle : décision prise en dehors de vous. On vous affecte le personnel.
	❏ On vous demande votre avis, ce qui ne veut pas dire qu'on en tient compte.
	❏ Vous participez, sans plus.
	❏ Vous êtes vraiment partie prenante.
	❏ Vous en avez la totale responsabilité.

Sur le licenciement .	❑ Autorité nulle : décision prises en dehors de vous. ❑ On vous demande votre avis, ce qui ne veut pas dire qu'on en tient compte. ❑ Vous participez, sans plus. ❑ Vous êtes vraiment partie prenante. ❑ Vous en avez la totale responsabilité.
Sur les promotions	❑ Autorité nulle : décision prises en dehors de vous. ❑ On vous demande votre avis, ce qui ne veut pas dire qu'on en tient compte. ❑ Vous participez, sans plus. ❑ Vous êtes vraiment partie prenante. ❑ Vous en avez la totale responsabilité.
Sur l'organisation du travail	❑ D'autres responsables vous passent dans le dos. ❑ A votre charge.
Note sur 10 : Pondération (de 1 à 5) : Note pondérée (note * pondération) : Reportez les chiffres sur votre grille page 113 et sq..	

Qualités des collaborateurs

Cette rubrique peut être modifiée profondément selon votre niveau hiérarchique et le type de collaborateurs que vous avez à gérer. On ne demande pas les mêmes qualités à des chefs de vente, des ingénieurs d'études et des pakistanais sur un chantier en Arabie saoudite ! Refaites donc la liste !

Grille n° 12
Les qualités des collaborateurs

Aspect traité	Appréciation (Cochez la ligne qui vous paraît convenir)
Compétence.	❑ Médiocre ❑ Moyenne ❑ Bonne ❑ Excellente
Polyvalence.	❑ Médiocre ❑ Moyenne ❑ Bonne ❑ Excellente
Application des directives.	❑ Médiocre ❑ Moyenne ❑ Bonne ❑ Excellente ·
Sens des responsabilités.	❑ Médiocre ❑ Moyen ❑ Bon ❑ Excellent

Prise d'initiative.	❑ Médiocre ❑ Moyenne ❑ Bonne ❑ Excellente
Absentéisme.	❑ Important ❑ ... ❑ Presque nul
Relations informelles	❑ Difficiles ❑ Agréables ❑ Amicales

Note sur 10 :
Pondération (de 1 à 5) :
Note pondérée (note * pondération) :
Reportez les chiffres sur votre grille page 113 et sq..

Les relations humaines

Relations avec les collègues en général

C'est un point important parce que l'on n'a que peu de prise sur les collègues. Sur les subordonnés, l'on a de l'autorité. Votre patron est plus ou moins tributaire de votre travail et de votre motivation. Quant aux collègues, ils peuvent vous rendre la vie infernale, sans que vous puissiez faire grand chose, sauf utiliser des mesures de rétorsion qui ne feront qu'empirer les difficultés. La rubrique est courte, mais n'hésitez pas à mettre une **Pondération** relativement forte.

Grille n° 13
Relations avec les collègues en général

Aspect traité	Appréciation (Cochez la ligne qui vous paraît convenir)
Relations avec les collègues en général	❏ « L'enfer, c'est les autres. » ❏ Peaux de bananes. ❏ Tendues. ❏ On s'ignore. ❏ Sympathiques.

Note sur 10 :
Pondération (de 1 à 5) :
Note pondérée (note * pondération) :
Reportez les chiffres sur votre grille page 113 et sq..

Relations avec les fonctionnels

Nous verrons, d'une part deux de ceux qui ont une importance dans toutes les entreprises. Il va de soi que dans certains cas, d'autres fonctionnels ont beaucoup plus d'importance : cas du service marketing pour des commerciaux. Une rubrique particulière est prévue ci-dessous pour les fonctionnels particulièrement importants pour vous.

Ce qui caractérise les fonctionnels c'est qu'ils n'ont pas une autorité directe, ce qui fait que l'on a un peu tendance à les oublier. Dans certains cas, leur influence indirecte peut cependant être déterminante quant à l'utilisation de certaines facilités ou au contraire pour leur possibilité de vous mettre des bâtons dans les roues.

Grille n° 14 **Relations avec les fonctionnels**	
Aspect traité	**Appréciation** (Cochez la ligne qui vous paraît convenir)
Le contrôle de gestion *Type*	❑ Contrôle de type administratif. ❑ Contrôle utilisé pour une véritable gestion.
Temps	❑ Contrôle à priori ❑ Contrôle à posteriori
Délais	❑ Inutile car délais trop longs. ❑ Fait en temps et en heure : utilisable.
Centralisation	❑ Totalement centralisée : méthodes et résultats me sont inconnus. ❑ Décentralisée : proche de l'utilisateur.

Utilité	❑ Les résultats qui me sont communiqués n'ont aucun intérêt réel pour moi. ❑ Plus de contrôle que d'informations utilisables. ❑ Information utilisable.
L'informatiqu e *Centralisatio n*	❑ Lourde, centralisée, informatique d'informaticiens. ❑ Interactive, décentralisée.
Adaptation	❑ Matériels peu adaptés aux tâches à accomplir. ❑ Matériels cohérents avec les tâches à accomplir
Compatibilité	❑ Problèmes de compatibilité entre les différents types de matériel. ❑ Matériels compatibles entre eux.
Responsabilit é	❑ Gérée par spécialistes (ayant tendance à ignorer les utilisateurs). ❑ Gérée par les utilisateurs
Productivité	❑ Redondance avec des tâches manuelles ou traditionnelles. ❑ Remplace les tâches traditionnelles ou bonne complémentarité.
Adaptation aux tâches	❑ Mise en place par un conseil ou par un constructeur.(C'est-à-dire peu pensée pour mes problèmes réels.). ❑ Pensée dans l'entreprise et proche de mes problèmes
Les autres fonctionnels	❑ Relations difficiles ❑ Relations professionnelles ❑ Relations d'aide presque amicales

Note sur 10 :
Pondération (de 1 à 5) :
Note pondérée (note * pondération) :
Reportez les chiffres sur votre grille page 113 et sq..

La communication

La communication interne

C'est tout le système qui permet de communiquer à l'intérieur de l'entreprise. Ce système est généralement insuffisant et par ailleurs l'information circule mal à l'intérieur de ce réseau. L'information officielle circulant mal, les employés sont obligés de mettre en place des réseaux de substitution, qui leur permettent d'avoir cependant accès à l'information nécessaire pour mener à bien leur travail. Mais par ailleurs ces réseaux de substitution engendrent une information parasite, car mal contrôlée et génératrice de rumeurs et de bruits de couloir. Selon les cas l'insuffisance de l'information officielle pourra être due à un manque d'attention porté à ce domaine ou à une méfiance, dans certains cas quasi pathologique, vis-à-vis des subordonnés ou de leurs représentants (les syndicats !).

Grille n° 15 La communication interne	
Aspect traité	**Appréciation** (Cochez la ligne qui vous paraît convenir)

Qualité intrinsèque	❏ Communication très insuffisante en quantité et en qualité : remplacée par des bruits de couloir. ❏ Communication très insuffisante en qualité : aspects importants non communiqués. ❏ Bonne communication : on me met au courant des points importants.
Présentation	❏ Documents peu clairs demandant à être interprétés. Documents mal présentés. ❏ Présentation professionnelle et clarté suffisante du contenu.
Personnalisation	❏ Communication essentiellement par écrit : notes de service. ❏ Communication essentiellement par écrit, mais tempérée par des aspects informels. ❏ Communication personnelle et verbale facile.
Coût	❏ Coût démesuré (plaquettes luxueuses que personne ne lit, etc.) ❏ Normal.
Intégration de l'information	❏ Mal intégrée au travail quotidien pour diverses raisons. ❏ Utilisable et utilisée.
Longueur du circuit	❏ Circuit trop long avec déperdition importante. ❏ Circuit court et efficace.
Temporalité	❏ Communication en retard sur l'événement et donc inutilisable. ❏ Communication en retard sur l'événement mais système informel la remplaçant en bonne partie. ❏ Communication en temps et en heure.
Mode	❏ Beaucoup de papier. ❏ Bonne communication verbale ❏ Existence d'un Intranet. ❏ Non

Note sur 10 :
Pondération (de 1 à 5) :
Note pondérée (note * pondération) :
Reportez les chiffres sur votre grille page 113 et sq..

Les réunions

Dans certaines entreprises, c'est l'horreur ! Trop nombreuses, mal préparées, mal conduites, elles ont une efficacité faible et un coût élevé. Cette faible efficacité oblige à les multiplier et engendre un cercle vicieux : trop nombreuses, elles sont de plus en plus inefficaces, et donc de plus en plus nombreuses...

Grille n° 16
Les Réunions

Aspect traité	Appréciation (Cochez la ligne qui vous paraît convenir)
Fréquence	❏ Fréquence beaucoup trop élevée. ❏ Fréquence correcte. ❏ Fréquence insuffisante : communication difficile.
Intérêt	❏ Intérêt nul. ❏ Intérêt variable. ❏ Intéressantes en général. ❏ Indispensables.
Préparation	❏ Préparation très insuffisante. ❏ Préparation suffisante.

Ordre du jour	❑ Ordre du jour flou.
	❑ Ordre du jour non suivi, selon l'humeur du patron.
	❑ Ordre du jour envoyé à l'avance avec documents permettant une préparation.
Documenta tion	❑ Aucune documentation n'est envoyée pour préparer la réunion.
	❑ Documentation insuffisante.
	❑ Documentation envoyée au dernier moment ou trop tard.
	❑ Documentation adéquate, suffisante et claire.
Gestion du temps	❑ Gestion du temps inefficace : réunions qui commencent en retard, qui se terminent trop tard.
	❑ Gestion du temps efficace : ordre du jour traité complètement et sans bousculade.
Décisions	❑ Décisions prises lors de la réunion inefficaces :
	prises à l'avance ;
	majorités de circonstance ;
	non appliquées ultérieurement.
	❑ Décisions efficaces, prises par consensus et appliquées ultérieurement.
	❑ Modalités d'application des décisions prévues.
	❑ Non prévues.
	❑ Modalités de contrôle prévues.
	❑ Non prévues.

Note sur 10 :
Pondération (de 1 à 5) :
Note pondérée (note * pondération) :
Reportez les chiffres sur votre grille page 113 et sq...

La communication externe formelle

C'est la communication orientée vers l'extérieur de l'entreprise : clients, fournisseurs, grand public, mais aussi institutions politiques, sociales, etc. Elle a pris récemment une grande importance avec la création de services spécialisés sous l'autorité d'un Dir. Com. Elle a une importance décisive en cas d'événements créés par l'entreprise : accidents, pollutions, grèves, licenciements massifs, qu'il s'agit d'expliquer, de justifier ou de réparer. Mais elle a également de l'importance au quotidien en tant que créatrice d'une image de marque.

<table>
<tr><td colspan="2" align="center">**Grille n° 17**
La communication externe formelle</td></tr>
<tr><td>**Aspect traité**</td><td align="center">**Appréciation**
(Cochez la ligne qui vous paraît convenir)</td></tr>
<tr><td>Existence</td><td>❑ N'est pas conçue en tant que telle.
❑ Existe mais ballottée au gré des individus et des événements.
❑ Existe et est un élément de la stratégie de l'entreprise.</td></tr>
<tr><td>Construction</td><td>❑ Conçue et construite sur la longue durée.
❑ Coups d'éclat.
❑ N'importe quoi.</td></tr>
<tr><td>Efficacité</td><td>❑ En réaction à l'événement, donc difficile, car mal préparée.
❑ Préparée et efficace.</td></tr>
<tr><td>Orientation</td><td>❑ Technique et trop orientée vers professionnels.
❑ Trop orientée vers le grand public.
❑ Bon équilibre.</td></tr>
</table>

Équilibre	❏ Entreprise trop silencieuse.
	❏ Entreprise bavarde.
	❏ Bon équilibre.
	❏ Le patron est médiatisé et c'est utile.
	❏ Le patron est médiatisé, mais c'est du cirque
Mode	❏ Trop de papier
	❏ Bon équilibre verbal (conférences de presse, par exemple) / papier
Site Internet	❏ Existence d'un site Internet.
	❏ Le site est en construction depuis des siècles !
	❏ Site prévu.
	❏ Rien de prévu.

Note sur 10 :
Pondération (de 1 à 5) :
Note pondérée (note * pondération) :
Reportez les chiffres sur votre grille page 113 et sq..

La communication externe informelle

Elle est plus difficile à distinguer parce qu'elle est liée à quantité d'événements, de faits, de comportements que l'entreprise ne contrôle pas ou auxquels elle ne fait pas attention. Exemple : la RATP dépense beaucoup pour des campagnes de publicité. Elle ne maîtrise pas en revanche des séries de grèves exaspérantes pour l'usager (manque de contrôle) ou mettra en batterie des équipes de contrôleurs agressifs et impolis, quelques jours après une grève qui aura fait perdre aux usagers la validité de certains tickets (manque d'attention).

Il va de soi que certains monopoles peuvent se permettre une communication externe nulle ou négative. Ce qui est important c'est donc le retentissement non pas tant sur l'image que sur les clients. Une communication négative sans perte de clients n'est pas catastrophique. Et certains en profitent.

Les dimensions ici peuvent être extrêmement différentes selon les entreprises. Cela peut aller de l'accueil à la propreté des camions (service traiteur), au respect de l'environnement, au traitement de conflits sociaux... Constituez donc une liste adéquate en pensant à tous les éléments qui construisent l'image de l'entreprise notée auprès de ses publics clés, que l'entreprise en soit soucieuse ou non.

Grille n° 18 La communication externe informelle	
Aspect traité (Remplissez la grille)	**Appréciation** (Remplissez la grille et cochez la ligne qui vous paraît convenir)
	❑ ❑
	❑ ❑
	❑ ❑
	❑ ❑
	❑ ❑

	❏
	❏
Note sur 10 :	
Pondération (de 1 à 5) :	
Note pondérée (note * pondération) :	
Reportez les chiffres sur votre grille page 113 et sq.. .	

La gestion des ressources humaines

Il s'agit essentiellement ici de la gestion des ressources humaines réalisée par le Service des ressources humaines ou la Direction des relations sociales. Le titre n'est pas indifférent car il peut rendre compte de l'importance accordée à ce domaine par l'entreprise. C'est cependant un des points sur lequel règne le plus d'hypocrisie. Bien des chefs d'entreprise accordent une grande importance à la gestion du personnel sur un plan strictement verbal et la font passer au second plan quand il s'agit de prendre des décisions.

Grille n° 19 La gestion des ressources humaines	
Aspect traité	**Appréciation** (Cochez la ligne qui vous paraît convenir)
Degré de réalité	❑ Véritable préoccupation de l'entreprise. ❑ Existe surtout au niveau du discours.
Degré de maturité	❑ Gestion des ressources humaines surtout administrative. ❑ Véritable développement des ressources humaines.
Centralis ation	❑ Gestion centralisée, qui n'est pas la préoccupation de chacun. ❑ Gestion décentralisée véritablement prise en charge par les hiérarchiques.
Qualité	❑ Techniques diverses de manipulation. ❑ Véritable gestion objective et respectueuse des individus.

Note sur 10 :
Pondération (de 1 à 5) :
Note pondérée (note * pondération) :
Reportez les chiffres sur votre grille page 113 et sq.. .

La Direction des ressources humaines (ou des Relations Humaines)

Grille n° 20
La Direction des ressources humaines

Aspect traité	Appréciation (Cochez la ligne qui vous paraît convenir)
Taille du service	❑ Manifestement insuffisant.. ❑ Suffisamment étoffé. ❑ Surdimensionné (c'est rare, mais cela existe !)
Poids du service	❑ Les décisions importantes sont prises en dehors de lui. ❑ Son responsable siège au comité de direction. ❑ Son responsable pèse sur l'ensemble des décisions.

Note sur 10 :
Pondération (de 1 à 5) :
Note pondérée (note * pondération) :
Reportez les chiffres sur votre grille page 113 et sq..

Les résultats de la gestion des ressources humaines

Grille n° 21 Les résultats de la gestion des ressources humaines	
Aspect traité	**Appréciation** (Cochez la ligne qui vous paraît convenir)
Satisfaction du personnel	❑ Exécrable : grèves, mouvements divers. ❑ Satisfaction médiocre ❑ Satisfaction médiocre mais qui n'ose pas s'exprimer. ❑ Bonne.
Stabilité du personnel	❑ Personne ne reste. ❑ Turn-over important. ❑ Trop grande : difficultés de renouvellement, pyramide des âges anormale. ❑ Bonne stabilité.
Absentéisme	❑ Très important et posant des problèmes. ❑ Normal ou faible.
Note sur 10 : Pondération (de 1 à 5) : Note pondérée (note * pondération) : Reportez les chiffres sur votre grille page 113 et sq...	

Le recrutement

Recruter est une activité difficile, car il est assez problématique de prévoir ce que quelqu'un deviendra ou fera sur le long terme. Il est également difficile de prévoir les évolutions de l'entreprise et ses besoins en telle ou telle compétence à terme. Recruter c'est par ailleurs jouer sur des pyramides d'âges ou de compétences, sur la possibilité d'intégrer des individus d'origine diverse. C'est donc le sérieux mis à cette activité qui est primordiale ainsi que la prise en compte du long terme.

Grille n° 22
Le recrutement

Aspect traité	Appréciation (Cochez la ligne qui vous paraît convenir)
Ratio recrutement interne / recrutement externe	Un bon ratio permet une mobilité interne suffisante: possibilités de promotion interne, mais laisse la place à des recrutements externes : apport de sang neuf et de spécialistes de nouvelles techniques. ❏ Ratio satisfaisant ❏ Ratio insatisfaisant
Décisions de recrutement	❏ Au coup par coup : on traîne puis on s'emballe. ❏ Mûrement réfléchies sur plan à long terme.
Centralisation des procédures	❏ Décisions centralisées, lourdes, lentes et peu efficaces. ❏ Décisions décentralisées proches du terrain.

Procédures	❏ Procédures discutables : astrologie, numérologie, etc.
	❏ Procédures à la tête du client.
	❏ Procédures sérieuses à bases scientifiques.
Résultat	❏ Après quelques mois, les nouveaux recrutés sont déçus ou l'entreprise met en cause l'intérêt de ce recrutement.
	❏ Les nouveaux recrutés n'ont pas de désillusion : ils connaissent bien le job qui les attend.

Note sur 10 :
Pondération (de 1 à 5) :
Note pondérée (note * pondération) :
Reportez les chiffres sur votre grille page 113 et sq.. .

L'accueil des nouveaux

Grille n° 23
L'accueil des nouveaux

Aspect traité	Appréciation (Cochez la ligne qui vous paraît convenir)
Organisation	❏ Chacun se débrouille.
	❏ Organisé : coaching, livret d'accueil...
Responsabilité	❏ A la charge de la direction des ressources humaines donc lointain et plus ou moins adéquat.
	❏ Pris en charge par chacun des services.

Note sur 10 :
Pondération (de 1 à 5) :
Note pondérée (note * pondération) :
Reportez les chiffres sur votre grille page 113 et sq.. .

Les définitions de fonction

Deux écueils sont difficilement évitables et sont donc fréquents. Le premier consiste dans des définitions de fonction inexistantes ou très floues. Personne ne sait exactement ce qui est de sa responsabilité, d'où des empiétement sur ce que d'autres considèrent comme étant de leur domaine. Le second consiste en l'inverse, c'est-à-dire en des définitions de fonction très rigides qui ne peuvent, en fait, prévoir tous les cas de figures. Certaines zones sont alors laissées dans l'ombre et ne sont considérées par personne comme relevant de leur activité. L'idéal est donc un équilibre entre des définitions précises et une certaine souplesse.

Grille n° 24
Les définitions de fonction

Aspect traité	Appréciation (Cochez la ligne qui vous paraît convenir)
Existence	❑ Existent peut-être, mais cela n'intéresse personne. ❑ Existent mais de façon très rigide. ❑ Existent et sont utilisées efficacement.

Communication	❏ Définition de fonction communiquée par écrit. ❏ Communiquée oralement et commentée. ❏ Discutée. ❏ Négociée.
Qualité	❏ Il y a duplication de tâches. ❏ Il y a des difficultés interpersonnelles dues à des définitions de fonctions floues ou incorrectes. ❏ Ne posent pas de problèmes.
Intérêt	❏ Déconnectées de l'action réelle. ❏ Servent de guide dans l'action.
La fixation des objectifs	❏ Il n'y a pas de procédure de fixation d'objectifs. ❏ Il y a une procédure formelle, mais les objectifs sont pratiquement imposés. ❏ Il y a une réelle discussion sur les objectifs. ❏ Il y a une vraie négociation sur la fixation des objectifs.
Note sur 10 : Pondération (de 1 à 5) : Note pondérée (note * pondération) : Reportez les chiffres sur votre grille page 113 et sq...	

Le système d'appréciation

Un bon système d'appréciation a au moins deux qualités. On en connaît les règles, c'est-à-dire ce sur quoi on est apprécié. Et ce système est objectif, c'est-à-dire que le résultat n'est pas à la tête du client

Grille n° 25
Le système d'appréciation

Aspect traité	Appréciation (Cochez la ligne qui vous paraît convenir)
Existence	❑ Il n'y a pas de système d'appréciation ou en tout cas, il ne m'est pas communiqué. ❑ Il n'y a pas de système d'appréciation, mais mon supérieur me donne une idée de l'appréciation qu'il porte. ❑ Il y a un système d'appréciation, suivant une grille objective.
Modalités	❑ Appréciation par mon supérieur hiérarchique, mais sans discussion avec moi. ❑ Rencontre annuelle avec le supérieur hiérarchique, mais cela reste formel. ❑ Rencontre annuelle avec appréciation sur des objectifs qui m'ont été fixés. ❑ Rencontre annuelle avec appréciation sur des objectifs qui ont été négociés.

Note sur 10 :
Pondération (de 1 à 5) :
Note pondérée (note * pondération) :
Reportez les chiffres sur votre grille page 113 et sq.. .

Les promotions

Chacune des deux principales méthodes : ancienneté ou mérite, présentent des avantages et des inconvénients. L'avantage de l'ancienneté est qu'elle est totalement objective et élimine le favoritisme. L'avantage du mérite est qu'il valorise ceux qui contribuent le plus. Par ailleurs, la promotion au mérite est plus avantageuse pour l'entreprise, et celle à l'ancienneté plus avantageuse pour la majorité des salariés.

Grille n° 26
Le système d'appréciation

Aspect traité	Appréciation (Cochez la ligne qui vous paraît convenir)
Modalités.	❑ Promotions essentiellement à l'ancienneté. ❑ Promotions essentiellement au mérite sur grille d'appréciation non connue. ❑ Promotions essentiellement au mérite sur grille d'appréciation connue. ❑ Promotions essentiellement au mérite sur objectifs atteints ou non
Fréquence	❑ Bloquées. ❑ Rares ❑ Régulières.

Note sur 10 :
Pondération (de 1 à 5) :
Note pondérée (note * pondération) :
Reportez les chiffres sur votre grille page 113 et sq...

Les plans de carrière

C'est un point qui mérite attention pour plusieurs raisons. D'abord, si l'entreprise s'efforce de tracer des plans de carrière cela veut dire qu'elle se soucie de façon approfondie du devenir de son personnel et donc qu'elle a une gestion du personnel efficace. Ensuite, un plan de carrière a pour le salarié un côté sécurisant : il sait plus ou moins où il va et ce à quoi servent ses efforts. Enfin un plan de carrière attrayant sur le long terme peut balancer des avantages moins nets (salaires, etc.) sur le court terme.

Grille n° 27
Les plans de carrière

Aspect traité	Appréciation (Cochez la ligne qui vous paraît convenir)
Existence	❏ Pas de plans de carrière. ❏ Existence de plans de carrière individuels
Suivi	❏ Plans de carrière théoriques ❏ Existence de plans de carrière individuels suivis.
Utilité	❏ C'est peut-être bon pour l'entreprise, amis cela ne me sert pas à grand chose. ❏ Me permet de savoir où je vais et de concentrer mes effort sur les points utiles.
Liaison avec la formation	❏ Aucune. ❏ Plus théorique que pratique. ❏ Efficace.

Note sur 10 :
Pondération (de 1 à 5) :
Note pondérée (note * pondération) :
Reportez les chiffres sur votre grille page 113 et sq...

La formation

Bien des formations n'ont guère d'utilité. D'autres sont plutôt des récompenses pour « vieux serviteurs » ou pour vendeurs méritants. Une bonne formation doit être utile à la fois à l'entreprise et au salarié. Pour ce dernier, ce qui est important c'est de pouvoir, soit rattraper une formation insuffisante, soit se tenir au courant des évolutions techniques, pour ne pas se trouver dépassé et donc menacé par un licenciement apparemment justifié, soit de progresser dans sa carrière. Cela suppose une bonne liaison du service formation avec les services de gestion des ressources humaines et les responsables hiérarchiques. Cela suppose aussi un budget adéquat ! Il va de soi que bien des entreprise préfèrent éliminer des gens d'un certain âge et qu'il faudrait donc former et embaucher des jeunes, moins coûteux.

Grille n° 28	
La formation	
Aspect traité	**Appréciation** (Cochez la ligne qui vous paraît convenir)
Importance de la fonction	❑ Service quasi inexistant. ❑ Le service formation est un service clé de l'entreprise.

| Importance de la formation | ❏ Faible importance en quantité et en qualité.
❏ Certains sont favorisés : cadres, vendeurs, techniciens...
❏ Formation importante en qualité et quantité pour tous les membres du personnel. |
| Efficacité de la formation | ❏ Faible efficacité et pour le personnel et pour l'entreprise.
❏ La formation améliore les performances et la satisfaction. |

Note sur 10 :
Pondération (de 1 à 5) :
Note pondérée (note * pondération) :
Reportez les chiffres sur votre grille page 113 et sq.. .

Les salaires

Il s'agit ici des salaires en général pratiqués par l'entreprise. Ce qui vous concerne plus particulièrement sera pris en compte dans la rubrique : contrepartie de votre travail.

Grille n° 29	
Les salaires	
Aspect traité	**Appréciation** (Cochez la ligne qui vous paraît convenir)
Modalités de calcul	❏ Conventions collectives appliquées strictement. Rien à négocier. ❏ Liés à l'indice hiérarchique, différences individuelles faibles. ❏ Liés à l'indice hiérarchique mais différences individuelles fortes. ❏ Résultent de négociations individuelles avec fortes différences individuelles.

Niveau	❏ Salaires bas.
	❏ Salaires corrects.
	❏ Salaires confortables au-dessus de la moyenne de la profession.
Progression	❏ Progression insuffisante.
	❏ Progression normale.
	❏ Progression au-dessus de la moyenne de la profession.

Note sur 10 :
Pondération (de 1 à 5) :
Note pondérée (note * pondération) :
Reportez les chiffres sur votre grille page 113 et sq...

La politique générale

Le style de Direction

Ce qui compte est la cohérence avec les besoins réels de l'entreprise. Ces besoins réels sont parfois difficiles à apprécier : il est peut être plus important pour le directeur de la RATP, et même pour ses salariés, d'être au mieux avec son ministère de tutelle que de se préoccuper de ses clients, qui sont captifs. Cependant, en fonction du produit, du marché, de certaines contraintes, certains styles seront plus en phase que d'autres avec les besoins de l'entreprise.

Grille n° 30	
Le style de direction	
Aspect traité	**Appréciation** (Cochez la ligne qui vous paraît convenir)
Activité dominante	❑ Tournée vers le pouvoir personnel. ❑ Trop tournée vers la gestion interne. ❑ Trop tournée vers l'extérieur (clients, relations...). ❑ Bon équilibre.
Temporalité	❑ Activité trop dépendante du court terme. ❑ Activité bien orientée vers le long terme.
Style *Ce qui compte est la cohérence avec la politique générale et les attentes du personnel de l'entreprise.*	❑ Commandement traditionnel et quelque peu militaire. ❑ Contrôle, sanctions. ❑ Administration. ❑ Animation. ❑ Négociation, arbitrage.

Note sur 10 :
Pondération (de 1 à 5) :
Note pondérée (note * pondération) :
Reportez les chiffres sur votre grille page 113 et sq.. .

Les procédures

Ce sont les règles préétablies à suivre lors du déroulement de telle ou telle activité. Certaines sont valables pour toutes les entreprises, telles que les procédures comptables. D'autres sont propres à certaines entreprises, telles les procédures de recrutement. Certaines entreprises ont des bibles, c'est-à-dire des recueils de procédures couvrant toutes les opérations imaginables. D'autres n'ont prévu que les cas les plus fréquents. D'autres n'ont rien prévu du tout. L'idéal serait des procédures nombreuses mais souples, ce qui est un peu contradictoire.

Grille n° 31 Les procédures	
Aspect traité	**Appréciation** (Cochez la ligne qui vous paraît convenir)
Existence	❑ Pas de procédures définies, objectives et claires. ❑ Procédures nombreuses et complexes limitant l'action. ❑ Procédures définies pour les aspects essentiels et suffisamment souples.
Modalités	❑ Procédures écrites et strictes couvrant tous les domaines. ❑ Procédures écrites et strictes dans certains domaines et pas dans d'autres. ❑ Procédures non écrites mais surveillance tatillonne. ❑ Procédures souples.

Étendue	❑ Procédures inexistantes : chacun se débrouille.
	❑ Procédures couvrant tous les aspects et tatillonnes (cas non prévus insolubles).
	❑ Procédures complètes mais laissant place à des initiatives.
	❑ Procédures peu nombreuses, initiatives encouragées.

Note sur 10 :
Pondération (de 1 à 5) :
Note pondérée (note * pondération) :
Reportez les chiffres sur votre grille page 113 et sq.. .

Les objectifs de l'entreprise

La stratégie de l'entreprise, c'est l'ensemble de ses objectifs et des moyens mis en œuvre pour les atteindre, et surtout la cohérence entre ces objectifs et ces moyens. Elle est rarement écrite ne serait-ce que pour des raisons de prudence vis-à-vis de la concurrence. Elle est tout aussi rarement communiquée sauf dans ses très grandes lignes. Il faut avouer également que peu d'entreprises ont une stratégie digne de ce nom. Mais si elle existe, il est assez facile de la déduire des faits, à posteriori évidemment.

Le point principal en matière d'objectifs, c'est leur existence, car à défaut d'une orientation même discutable, l'entreprise est ballottée au gré des événements et des humeurs des responsables. Un second point est leur communication à tous les responsables, sinon chacun tire à hue et à dia ! Le troisième est leur acceptation réelle par chacun des acteurs chargés de les mettre en œuvre. Ceci étant tous les objectifs sont acceptables à condition qu'ils se situent à l'intérieur des contraintes définies par le produit, le marché, la concurrence, la loi, etc.

Grille n° 32		
Les objectifs de l'entreprise		
Aspect traité	**Appréciation** (Cochez la ligne qui vous paraît convenir)	
Objectifs de croissances	❑ Objectifs de maintien de l'existant. ❑ Objectifs de consolidation des acquis récents. ❑ Objectifs de croissance. ❑ Objectifs de diversification.	
Objectifs de rentabilité	❑ Objectifs de rentabilité à court terme et sacrifiant le long terme. ❑ Objectifs de rentabilité durable. ❑ Objectifs de développement (croissance des parts de marché, innovations dans les produits...).	
Partage financier / humain	❑ Objectifs strictement financiers. ❑ Objectifs prenant en compte les éléments humains.	
Terme	❑ Prédominance du court terme. ❑ Prédominance du long terme.	
Cohérence de la Direction vis-à-vis des objectifs	❑ Chacun tire à hue et à dia ! ❑ Il n'y a pas d'objectifs clairs et il n'y a donc pas de cohérence. ❑ Accord total sur les objectifs.	
Note sur 10 : Pondération (de 1 à 5) : Note pondérée (note * pondération) : Reportez les chiffres sur votre grille page 113 et sq.. .		

Concordance des objectifs et des moyens

Grille n° 33	
Concordance des objectifs et des moyens	
Aspect traité	**Appréciation** (Cochez la ligne qui vous paraît convenir)
Caractère suffisant des moyens	❑ Moyens techniques, commerciaux, financiers, humains à mettre en œuvre sont insuffisants pour atteindre les objectifs. ❑ Moyens suffisants.
Cohérence	❑ Moyens techniques, commerciaux, financiers, humains mis en œuvre ne sont pas en cohérence avec les objectifs. ❑ Moyens suffisamment cohérents. ❑ Moyens tout à fait cohérents.
Note sur 10 :	
Pondération (de 1 à 5) :	
Note pondérée (note * pondération) :	
Reportez les chiffres sur votre grille page 113 et sq.. .	

La stratégie proprement dite

Elle peut être définie comme la mise en œuvre des moyens nécessaires à l'atteinte des objectifs.

Grille n° 34
La stratégie proprement dite

Aspect traité	Appréciation (Cochez la ligne qui vous paraît convenir)
Élaboration de la stratégie	❑ L'intuition (géniale !) du DG. ❑ Le comité de direction. ❑ Un comité ad hoc (temporaire) ou une cellule stable de réflexion.
Qualité de la stratégie	❑ Elle ne peut guère être appréciée que par rapport aux résultats obtenus. Quant au futur... ! ❑ Il n'y en a pas, apparemment. ❑ Difficile à apprécier. ❑ D'après les résultats actuels, elle est bonne. ❑ Elle semble en phase avec les évolutions actuelles.
Caractère suivi de la stratégie	❑ Objectifs qui varient au fil du temps ou des responsables. ❑ Objectifs bien suivis.
Connaissance de cette stratégie par l'ensemble des acteurs	❑ Il y a des mystères, peut-être y aura-t-il des miracles ! ❑ Certains éléments sont connus. ❑ Bonne connaissance
Acceptation de cette stratégie par l'ensemble des acteurs	❑ Objectifs acceptés par l'ensemble du personnel ❑ ou non. ❑ Moyens mis en œuvre acceptés ❑ ou non.

Note sur 10 :

Pondération (de 1 à 5) :

Note pondérée (note * pondération) :

Reportez les chiffres sur votre grille page 113 et sq..

La gestion des conflits

Les conflits sont inévitables, car il y a toujours divergence, sinon sur les objectifs, au moins sur les moyens à utiliser pour les atteindre. Malheureusement ces conflits professionnels normaux cachent souvent des conflits d'humeur ou de pouvoir entre les personnes. Par ailleurs, s'il y a conflit, il est nécessaire qu'il soit surmonté. Pour cela, il faut qu'il soit reconnu comme tel et donc ouvert. Rien de pire que les conflits non réglés qui empoisonnent toutes les activités. Enfin les conflits ne doivent pas être dus à des personnalités qui prennent un plaisir pervers aux atmosphères conflictuelles que tolèrent mal les autres individus.

Grille n° 35 La gestion des conflits	
Aspect traité	**Appréciation** (Cochez la ligne qui vous paraît convenir)
Importance des conflits	❑ Hélas ! c'est presque la guerre. ❑ Conflits normaux semble-t-il. ❑ Conflits rares. Plutôt des désaccords.
Caractère des conflits	❑ Les conflits apparents cachent des conflits de personnes. ❑ Les conflits sont de vrais conflits sur les objectifs ou les moyens.

Gestion des conflits	❑ Système bureaucratique : les conflits ne sont pas ouverts et restent occultés.
	❑ Les conflits sont ouverts et reconnus comme tels, mais on ne sait pas les résoudre.
	❑ Les conflits sont réglés mais difficilement.
	❑ Les conflits sont considérés comme positifs et sont réglés de façon satisfaisante.

Note sur 10 :
Pondération (de 1 à 5) :
Note pondérée (note * pondération) :
Reportez les chiffres sur votre grille page 113 et sq.. .

Les décisions

Il s'agit surtout du système de décision qui vous affecte dans votre travail.

Grille n° 36 Les décisions	
Aspect traité	**Appréciation** (Cochez la ligne qui vous paraît convenir)
Centralisation	❑ Système beaucoup trop centralisé : les décisions sont prises beaucoup trop loin du terrain.
	❑ Système décentralisé.
Temporalité	❑ Temps de prise de décision trop long.
	❑ Temps de prise de décision correct.

Capacité à prendre des décisions	❏ Décisions non prises. ❏ Décisions prises au moment opportun.
Qualité	❏ Nombre non négligeable de décisions malheureuses. ❏ Décisions généralement adéquates.
Note sur 10 : Pondération (de 1 à 5) : Note pondérée (note * pondération) : Reportez les chiffres sur votre grille page 113 et sq..	

La gestion de l'innovation

Les choses sont évidemment très différentes selon la taille de l'entreprise et son produit (au sens large, une fois de plus). La taille justifiera ou non un service de recherche autonome. Le produit justifiera plus ou moins la nécessité d'innovations.

Cependant dans la plupart des cas, de nos jours, une attitude innovatrice est toujours nécessaire, au moins dans le marketing.

Grille n° 37 La gestion de l'innovation	
Aspect traité	**Appréciation** (Cochez la ligne qui vous paraît convenir)

Existence d'un département recherche	❑ Non. ❑ Oui.
Poids du département recherche	❑ Insuffisant. ❑ Suffisant. ❑ Très important.
Investissements de recherche (ou consacrés à des innovations)	❑ Insuffisantes. ❑ Suffisantes.
Lien entre Recherche et développement et services commerciaux	❑ Les chercheurs n'en font qu'à leur tête ! ❑ C'est le commercial qui oriente.
L'innovation dans la culture de l'entreprise	❑ Les innovations sont considérées comme perturbatrices. ❑ Les innovations sont recherchées
Diffusion de l'esprit innovateur	❑ L'innovation est et reste l'affaire des spécialistes. ❑ C'est l'affaire de tous.

Recherche des idées au niveau du personnel	❏ Rien d'effectif. ❏ Existence d'une boîte à idées mais cela reste formel. ❏ Procédures actives de recherche d'idées auprès du personnel.

Note sur 10 :

Pondération (de 1 à 5) :

Note pondérée (note * pondération) :

Reportez les chiffres sur votre grille page 113 et sq..

L'adaptabilité de l'entreprise

Il s'agit ici de faire un peu de prospective sur les modifications possibles de l'environnement et les capacités de l'entreprise à y faire face et à s'y adapter. Pour une bonne part, le futur est imprévisible : changements dans les goûts des consommateurs, innovations technologiques majeures. Pour une autre, il n'est pas sûr, mais un certain nombre d'éventualités peuvent être envisagées : changement de gouvernement, élargissement de l'Europe, émergence de nouveau pays concurrentiels. Pour une dernière part, des tendances lourdes peuvent être observées, dont la probabilité de réalisation est très forte : persistance d'un certain taux de chômage, élévation de l'âge de la retraite, tendances démographiques...

Plusieurs questions peuvent alors être posées. La première est la capacité de l'entreprise à se tenir au courant des éléments actuels pouvant induire des changements importants à terme : veille technologique, informations économiques, démographiques, sociales, politiques...

La seconde est la capacité d'adaptation de l'entreprise à des modifications majeures démontrée dans le passé. Sauf exceptions, le passé peut être garant de l'avenir : si l'entreprise a déjà su s'adapter, on peut penser qu'elle en est encore capable.

La troisième relève de la culture d'entreprise. Les entreprises orgueilleuses, techniciennes, privilégiant les diplômes, très protégées par leur puissance ou par la loi, de très grande taille, sont généralement moins adaptables que les autres, bien qu'il y ait quelques brillantes exceptions.

La quatrième relève de la personnalité des dirigeants. Une entreprise familiale dirigée par un individu qui a réussi, risque de vouloir reproduire des recettes qui ont été efficaces, mais qui ne le seront plus forcément dans un environnement qui se modifie rapidement. Des dirigeants qui sautent d'entreprise en entreprise, pour faire une belle carrière, risquent d'abandonner l'entreprise au premier coup de vent. De bons techniciens risquent de s'accrocher à leur technique même si elle est dépassée ou n'est plus du goût du consommateur.

Grille n° 38	
L'adaptabilité de l'entreprise	
Aspect traité	**Appréciation**
	(Cochez la ligne qui vous paraît convenir)
Veille technologique	❑ Oui, structurée.
	❑ Oui, mis non structurée.
	❑ Non.
Adaptabilité démontrée dans le passé	❑ Oui.
	❑ Non.
Culture d'entreprise orientée vers le changement	❑ Oui.
	❑ Non.

Personnalité des dirigeants	❑ A l'affût des nouveautés. ❑ Perméables à la nouveauté. ❑ Répètent ce qui a réussi.
Note sur 10 : Pondération (de 1 à 5) : Note pondérée (note * pondération) : Reportez les chiffres sur votre grille page 113 et sq..	

La culture d'entreprise

La culture d'entreprise doit être comprise de deux façons. Au sens que lui donnent les conseils en entreprise : conception volontariste qui s'imagine qu'une culture est malléable et peut être modifiée dans un laps de temps relativement court, en organisant certains changements matériels. Les conseils ont parfaitement raison, de leur point de vue, de promouvoir cette conception fort rentable pour leur activité et qui se traduit généralement par des modifications mineures et de peu d'effet.

L'autre représentation est celle des anthropologues, lorsqu'ils parlent de la culture d'une société. Celle-ci comprend des conceptions politiques, religieuses, relationnelles... qui modèlent en profondeur l'ensemble de la vie et la conception même de cette vie. Cette culture évolue évidemment, mais soit d'elle-même, soit sous l'influence de facteurs externes, techniques, économiques, politiques, militaires, qu'elle ne maîtrise pas et qu'à vrai dire personne ne maîtrise. Dans cette conception, on peut étudier la culture mais on sait qu'on ne peut guère l'influencer, sinon lentement et toujours en surface. Toujours dans cette conception, la culture est opaque pour ceux-là mêmes qui la vivent, car elle procède par évidences, évidences que par définition l'on n'interroge pas. L'appréhender suppose donc un effort de distanciation.

La culture d'entreprise, telle quelle est considérée ici, comprend surtout les façons de faire, de penser, de se comporter avec autrui qui ne sont écrites nulle part et souvent ne sont pas reconnues comme telles. Répétons-le, il faut prendre du recul pour les percevoir.

Certaines entreprises ont une culture forte. Elle peut s'imposer de façon sympathique ou désagréable. D'autres ont une culture faible, tirant parti des individus tels qu'ils sont, sans leur imposer un mode de vie particulier et cela peut être sympathique. D'autres encore ont une culture faible avec en corollaire une faible intégration des individus et cela peut engendrer des difficultés.

Reste le problème des cultures en lutte qui résulte de fusions d'entreprises réalisées de façon technocratique. L'une finit toujours par dominer l'autre, après des crises plus ou moins violentes. Une entreprise multiculturelle est un beau rêve ou un idéal, mais c'est un idéal rarement réalisé.

Les modes de vie

Grille n° 39		
Les modes de vie		
Aspect traité	**Appréciation** (Cochez la ligne qui vous paraît convenir)	
L'habillement	❑ On porte un uniforme ou presque. ❑ Quelques règles implicites, sans plus. ❑ Totale indépendance de chacun.	
Les contacts	❑ Il y a une façon particulière d'entrer en contact avec les autres et c'est fatigant. ❑ Rien de particulier. ❑ Il y a une façon particulière d'entrer en contact avec les autres et c'est sympathique	

Les événem ents	☐ Beaucoup d'importance donnée aux célébrations de petits événements et c'est sympathique
	☐ Rien de particulier.
	☐ Beaucoup d'importance donnée aux célébrations de petits événements, mais c'est factice.

Note sur 10 :
Pondération (de 1 à 5) :
Note pondérée (note * pondération) :
Reportez les chiffres sur votre grille page 113 et sq..

Le système de valeurs

Il s'agit d'éléments dont on parle peu, mais qui orientent l'action de façon inconsciente. Les valeurs, c'est ce qui donne du sens à l'ensemble des comportements individuels et collectifs. Ces valeurs sont souvent en opposition avec ce qui est proclamé. Un bon exemple de conflit entre valeurs et objectifs peut être donné par certaines administrations françaises, qui d'une part se réclament du marché, se disent au service du client, et d'autre part reposent sur des valeurs bureaucratiques complètement différentes. On connaît le résultat ! Les valeurs l'emportent sur les objectifs proclamés.

En termes d'évaluation, ce qui est important c'est qu'il y ait cohérence entres les valeurs profondes et les finalités de l'entreprise. S'il y a incohérence, cela fragilise l'entreprise et rend la vie de chacun plus difficile.

Grille n° 40	
Le système de valeurs	
Aspect traité	**Appréciation** (Cochez la ligne qui vous paraît convenir)

Orientation des valeurs	❏ Orientées vers les commodités ou les contraintes internes. ❏ Orientées vers le client ou le public.
Humanisme des valeurs	❏ Valeurs financières : rentabilité à tout prix. ❏ Valeurs tempérées par d'autres valeurs plus humaines.
Rapport à l'efficacité	❏ Valeurs bureaucratiques : les règles, les procédures l'emportent sur le reste. ❏ Valeurs d'efficacité. ❏ Les machines aussi sont efficaces.
Note sur 10 : Pondération (de 1 à 5) : Note pondérée (note * pondération) : Reportez les chiffres sur votre grille page 113 et sq..	

La perception par l'extérieur

En termes globaux, la perception que l'environnement a de l'entreprise est fondamentale, car c'est elle qui va faciliter ou non son objectif : vendre son produit à la satisfaction du client, ce qui enclenche un phénomène cumulatif positif. On sait toute l'importance que les entreprises actuelles y attachent, ce qui justifie, entre autres les actions de publicité institutionnelle (publicité *corporate*) ou de sponsoring.

Cette perception ne se modifie que lentement, quelles que soient les actions entreprises. Par ailleurs, elle est parfois injuste, le public pouvant être sensible à des détails insignifiants mais qui ne le sont pas pour lui. L'image ne se confond donc pas avec la communication. Elle peut en être le résultat. Mais ce résultat peut être mince par rapport aux efforts entrepris et l'argent dépensé !

L'image de l'entreprise dans le public

L'important est que l'image soit en phase avec le produit de l'entreprise et les attentes des clients.

Grille n° 41	
L'image de l'entreprise dans le public	
Aspect traité	**Appréciation** (Cochez la ligne qui vous paraît convenir)
Construc tion de l'image	❏ Aucun effort dans ce domaine. ❏ Efforts mais peu rationnels. ❏ Efforts importants en communication : publicité institutionnelle, mécénat, relations avec les centres universitaires.
Notoriét é sur son marché	❏ Marque ou produit inconnus. ❏ Marque ou produit peu connus. ❏ Marque ou produit très connus. Les produits sont en quelque sorte pré vendus.
Prestige	❏ Image de marque mauvaise ou exécrable ❏ Image de marque globale correcte. ❏ Image de marque globale prestigieuse.
Histoire	❏ Pas d'histoire et peu de prestige (type conglomérat récent). ❏ Histoire ancienne et prestigieuse (type Institut Pasteur).
Orientati on	❏ Image technicienne. ❏ Image d'entreprise au service du client.
Note sur 10 : Pondération (de 1 à 5) : Note pondérée (note * pondération) : Reportez les chiffres sur votre grille page 113 et sq..	

L'accueil des visiteurs et des clients

Un visiteur est un client ou doit être un futur client ! C'est pourquoi nous les regroupons.

Grille n° 42 **L'accueil des visiteurs et des clients**	
Aspect traité	**Appréciation** (Cochez la ligne qui vous paraît convenir)
	Les visiteurs
Hall d'accueil	❑ Dessert l'entreprise. ❑ Banal. ❑ Correct. ❑ Luxueux.
Qualité de l'accueil	❑ Le visiteur est un gêneur ! ❑ Excellente.
Accueil téléphonique	❑ La personne qui téléphone est considérée comme un importun. ❑ Attente trop longue, on ne sait pas aiguiller. ❑ Excellent, attentif.
Différenciation	❑ Accueil très différencié selon le niveau hiérarchique (siège luxueux, usines sales). ❑ Tout visiteur est conçu comme un client potentiel et traité comme tel.
	Les clients. (Coefficient beaucoup plus important, le client faisant vivre l'entreprise.)

Hall d'accueil	❏ Dessert l'entreprise. ❏ Banal. ❏ Correct. ❏ Luxueux.
Qualité de l'accueil	❏ Le visiteur est un gêneur ! ❏ ❏ Excellente.
Accueil téléphoniq ue	❏ La personne qui téléphone est considérée comme un importun. ❏ Attente trop longue, on ne sait pas aiguiller. ❏ Excellent, attentif.
Différenci ation	❏ Accueil très différencié selon le niveau hiérarchique (siège luxueux, usines sales). ❏ Tout visiteur est conçu comme un client potentiel et traité comme tel.

Note sur 10 :

Pondération (de 1 à 5) :

Note pondérée (note * pondération) :

Reportez les chiffres sur votre grille page 113 et sq..

Le produit

La très grande diversité des produits rend difficile d'entrer dans des détails qui pourraient ne pas s'adapter à tel ou tel produit. Nous entendons ici par produit tout ce que vend une entreprise qu'il s'agisse d'un produit au sens strict, d'un service que l'on peut matérialiser (transport) ou d'un service sans support matériel (conseil). Quelle que soit cette diversité, les produits des entreprises performantes ont des caractéristiques communes, dont nous envisagerons ici quelques unes. Il va de soi que l'on pourra toujours trouver des contre-exemples. Réfléchissez et adaptez les dimensions en fonction des différents cas !

La première qualité d'un produit est de se vendre. La seconde, de se vendre longtemps, ce qui signifie qu'il n'est pas en fin de vie, ou que la relève est assurée par d'autres produits. La troisième est que cette vente n'engendre pas trop de problèmes secondaires : non-conformité, mécontentement ou plaintes des clients, procès, etc. Enfin dernière qualité, ce produit laisse une marge bénéficiaire suffisante.

La qualité intrinsèque du produit est relativement secondaire : le perfectionnisme est inutile sinon malsain, s'il est trop coûteux.

Cette rubrique doit donc être interprétée selon le produit fabriqué. Si l'entreprise a 5000 références, il n'est pas question de les passer en revue. C'est donc l'ensemble qu'il faut apprécier. Si le produit consiste en une dizaine ou quelques dizaines, intéressez-vous aux produits vedettes, mais aussi aux produits qui, eux, sont négatifs. Au total, c'est à la politique de l'entreprise qu'il faut s'intéresser et à la stratégie mise en œuvre pour la mener à bien.

Le produit

Grille n° 43	
Le produit	
Aspect traité	**Appréciation** (Cochez la ligne qui vous paraît convenir)

La gamme de produits	❑ Mono produit avec les risques que cela comporte. ❑ Gamme étroite et diversification difficile. ❑ Gamme large permettant de bien cibler les ventes et d'avoir réponse à des demandes très spécifiques.
Politique de diversification	❑ Pas de vraie politique de diversification. ❑ Recherche active de diversification.
Régularité de la vente	❑ Produit saisonnier entraînant des surcoûts de fabrication ou de stockage. ❑ Produit à vente régulière.
Notoriété	❑ Produit en phase de démarrage et donc inconnu. ❑ Produit peu connu. ❑ Produit connu mais concurrence forte. ❑ Le produit est en quelque sorte pré vendu par la notoriété.
Caractère innovant des produits	❑ Produit en phase terminale. ❑ Produit en train d'être dépassé. ❑ Produit classique. ❑ Produit innovant, récent, à la mode...
La courbe de vie des produits	❑ Produit(s) en phase de déclin, se vend de plus en plus difficilement. ❑ Produit(s) en phase de maturité, à bonne croissance. ❑ Produit(s) naissant en forte croissance. ❑ Produit(s) en phase de lancement.
Le degré de standardisation des produits	❑ Produits très spécifiques, petites séries, production coûteuse, service après vente coûteux. ❑ Produits standards, fabrication simple, service après vente peu coûteux.

La qualité des produits	❑ Produits médiocres à marge faible. ❑ Produits de bonne qualité. ❑ Produits haut de gamme. Le consommateur est peu sensible au prix : marges importantes.
Services associés aux produits. (Livraison, installation. Entretien, assistance technique. Stockage. Facilités de paiement.)	❑ Très coûteux. ❑ Coût moyen. ❑ Coût négligeable.
La technologie. Ce qui compte ici est l'importance du ticket d'entrée.	❑ A peu près n'importe qui peut produire (conseil, textile…) : concurrence forte. ❑ Investissements importants (fabrication du papier, téléphonie mobile…) ❑ Technologie de pointe (puces informatiques, biotechnologies…) et donc difficultés d'entrée, ce qui protège de la concurrence.
Élasticité au prix.	❑ Élasticité faible : l'augmentation des prix se traduit par un report de la clientèle sur d'autres produits. ❑ Élasticité forte : la clientèle accepte les augmentations de prix ou des prix élevés (parfums…).

Note sur 10 :
Pondération (de 1 à 5) :
Note pondérée (note * pondération) :
Reportez les chiffres sur votre grille page 113 et sq..

L'entreprise et ses fournisseurs

Grille n° 44
L'entreprise et ses fournisseurs

Aspect traité	Appréciation (Cochez la ligne qui vous paraît convenir)
Accent mis sur la fonction achat	❑ Faible. ❑ Correct. ❑ Important
Dominante de la relation avec les fournisseurs	❑ Dominante administrative : respect des règles et des procédures. ❑ Dominante de négociation : obtenir des prix et de la qualité.
Responsabilité de la fonction	❑ Pas de formation spécifique. ❑ Le responsable de la fonction est le spécialiste de la question. ❑ Responsabilité très centralisée et donc peu efficace. ❑ Responsabilité décentralisée proche des problèmes du terrain.
Mise en concurrence	❑ Mise en concurrence systématique des fournisseurs. ❑ Achats d'habitude.

Caractéristiques des fournisseurs	❑ Fournisseurs plus puissants que l'entreprise.
	❑ Egal à égal
	❑ Plus faibles que l'entreprise.
	Ce qui est le plus significatif, c'est la dissymétrie de pouvoir. Un artisan sera en position de faiblesse vis-à-vis d'un fournisseur important. En revanche, une centrale d'achat sera en position de force vis-à-vis des producteurs. Ce rapport de pouvoir pèse sur les prix pratiqués, les délais de paiement, les facilités diverses, etc.
Nombre	❑ Peu nombreux. Ils sont en position de force.
	❑ Fournisseurs nombreux. On peut jouer les uns contre les autres.
Réactivité des fournisseurs	❑ Fournisseurs à réaction lente, ce qui impose des stocks importants et coûteux.
	❑ Fournisseurs à réaction rapide : faibles stocks.
Note sur 10 : Pondération (de 1 à 5) : Note pondérée (note * pondération) : Reportez les chiffres sur votre grille page 113 et sq..	

Les matières premières

Grille n° 45

L'entreprise et ses matières premières

Aspect traité	Appréciation (Cochez la ligne qui vous paraît convenir)
Cours	❏ Matières spéculatives avec des coûts en accordéon. ❏ Stabilité des cours.
Stockage	❏ Coûts de stockage importants. ❏ Coûts faibles.

Note sur 10 :
Pondération (de 1 à 5) :
Note pondérée (note * pondération) :
Reportez les chiffres sur votre grille page 113 et sq..

La fonction production

Les processus de production sont extrêmement divers. La production d'un avion, produit sophistiqué à la valeur unitaire très élevée n'a rien à voir avec celle des couches-culottes, produit très volumineux à la valeur unitaire très faible. Par ailleurs certains processus restent artisanaux alors que d'autres sont entièrement ou presque automatisés. Certains processus sont très longs, d'autres extrêmement brefs. Il est donc difficile de prévoir tous les cas de figures. Ce qui compte c'est l'efficacité du processus de production. Pour en avoir une idée, il est bon, si c'est possible de la comparer avec celle de la concurrence nationale ou internationale. A défaut donnez une notation globale qualitative.

Grille n° 46
L'entreprise et la fonction production

Aspect traité	Appréciation (Cochez la ligne qui vous paraît convenir)
Cycle de production	❑ Cycle long demandant des prévisions à long terme. ❑ Cycle court adaptable à la demande et plus facile à gérer.
Coûts fixes	❑ Coûts fixes importants rendant coûteuse l'adaptation aux évolutions du marché. ❑ Coût fixes faibles permettant une grande flexibilité. *Les coûts fixes sont liés au processus de production, tandis que les coûts variables sont liés au produit (matières premières, main d'œuvre...).*
Utilisation des capacités de production	❑ Taux excessif : surchauffe. ❑ Taux correct sans variations fortes. ❑ Taux moyen ❑ Taux faible : capacités inutilisées coûteuses *L'idéal serait un taux de 100 %, qui n'est jamais atteint. Un bon taux est d'environ 80 %. Les pointes saisonnières rendent certaines entreprises (transports, produits cadeaux, p. ex.) très vulnérables sur ce point.*

Valeur ajoutée	❏ Ratio médiocre : immobilisations importantes pour faible valeur ajoutée (exemple : centrales thermiques qui ne sont utilisées que pour des pointes de consommation. ❏ Bon ratio. ❏ Ratio excellent, une faible immobilisation supplémentaire permet une forte valeur ajoutée. *Ce qui compte c'est le ratio valeur ajoutée / immobilisations liées à la production.*
Mainten ance	❏ Réparatrice : on attend la panne pour réparer. ❏ Préventive : traitement avant la panne. ❏ Totale : tous les services de l'entreprise (conception, achats, production) sont associés à la maintenance préventive.

Amélior ation de la producti vité	❏ Pas d'amélioration de la productivité.
	      par rapport aux effectifs.
	      par rapport à l'équipement.
	      par rapport aux capitaux investis.
	      par rapport à la qualité.
	
	 ❏ La productivité est croissante au fil des années.

Note sur 10 :

Pondération (de 1 à 5) :

Note pondérée (note * pondération) :

Reportez les chiffres sur votre grille page 113 et sq..

Gestion des stocks

Ce qui est le plus important est le coût du stockage, des matières premières, des produits intermédiaires et des produits finis. L'idéal, si ce coût est élevé, est de le faire supporter par d'autres (livraisons en flux tendus, stockage chez le distributeur, etc.).

Grille n° 47	
La gestion des stocks	

Aspect traité	**Appréciation** (Cochez la ligne qui vous paraît convenir)
Stocks à l'achat	❑ Achats en grande quantité et stocks importants : coûts de stockage importants. ❑ Les fournisseurs livrent à la demande : faibles stocks. ❑ Stocks à peu près nuls : ils sont sur la route…
Stocks interméd iaires	❑ Le processus de production obligent à des stocks intermédiaires importants. ❑ Faibles stocks intermédiaires.
Stocks de produits finis	❑ Les caractéristiques de la demande (p. ex. demande saisonnière telle que celle des jouets) obligent à des stocks de produits finis importants ou les clients exigent que l'entreprise stocke pour eux. ❑ Faibles stocks de produits finis : coûts de stockage faibles. ❑ Stocks nuls : type courant électrique
Note sur 10 :	
Pondération (de 1 à 5) :	
Note pondérée (note * pondération) :	
Reportez les chiffres sur votre grille page 113 et sq..	

Le marché

C'est là que se rencontrent les acheteurs et les produits de votre entreprise, mais aussi les produits concurrents. La concurrence pose généralement plus de problèmes que les clients, du moins si ces derniers sont les particuliers, car ceux-ci sont plus facilement influençables, par exemple par la publicité.

Le marché est un point absolument fondamental. Même si le produit est excellent, la gestion de l'entreprise excellente, s'il n'y a point de marché pour acheter ce produit, ou si ce marché est si concurrentiel que les marges bénéficiaires sont presuqe nulles, l'entreprise ne peut durer longtemps. Bien des start-up de la net.économie en font la cruelle exérience.

La concurrence

C'est évidement une concurrence faible (mais pas nulle : on s'endort dans un monopole) qui mérite une bonne note.

Grille n° 48 L'entreprise et la concurrence	
Aspect traité	**Appréciation** (Cochez la ligne qui vous paraît convenir)
Monopole ou concurrenc e	❏ Concurrence acharnée : tout peut être remis en question du jour au lendemain. Concurrence forte. ❏ Position de leader. ❏ Monopole : on doit en passer par nous (type monopole d'état).

Degré de protection	❑ Possibilité d'importations à des prix de dumping : très faible protection. ❑ Produit protégé par droits de douanes ou autres importants. ❑ Monopole d'état.
Importance et qualité de la concurrence	❑ Concurrence acharnée et de qualité. ❑ Concurrence ne posant pas trop de problèmes.
Taux de profit du secteur	❑ Taux de profit bas : concurrence sauvage. ❑ Taux de profit élevé, concurrence peu sévère ou ententes...
Taux de croissance du secteur	❑ Faible croissance, la concurrence est orientée vers l'élimination des concurrents. ❑ Forte croissance, la concurrence s'occupe de nouveaux marchés.
Structure des coûts des entreprises du secteur	❑ Coûts fixes importants amenant à une très forte concurrence pour rentabiliser les investissements. ❑ Coûts fixes faibles permettant une adaptation aux fluctuations du marché.
Climat du secteur	❑ Climat offensif : pas d'ententes, élimination des plus faibles. ❑ Climat calme : entente tacite pour garder des marges importantes.

Note sur 10 :
Pondération (de 1 à 5) :
Note pondérée (note * pondération) :
Reportez les chiffres sur votre grille page 113 et sq..

Le(s) marché (s)

Grille n° 49
L'entreprise et ses marchés

Aspect traité	Appréciation (Cochez la ligne qui vous paraît convenir)
État du marché	❑ Produit coûteux à vendre : marketing, pub, nombreux commerciaux. ❑ Difficultés croissantes : produits concurrents ou de substitution plus attractifs. ❑ Produit pré-vendu, peu coûteux à vendre.
Potentiel du marché	❑ Marché presque saturé (p. ex. limité au renouvellement : automobiles, téléviseurs…). ❑ Marché difficile. ❑ Marché actuel ou potentiel considérable (micro-informatique, téléphones portables...)
Possibilités d'export.	❑ Oui ❑ Non.

Note sur 10 :
Pondération (de 1 à 5) :
Note pondérée (note * pondération) :
Reportez les chiffres sur votre grille page 113 et sq..

Les clients

Aspect traité	Appréciation (Cochez la ligne qui vous paraît convenir)
	Grille n° 50 **L'entreprise et ses clients**
Taille	❑ Grosses centrales d'achat avec pouvoir de négociation et tirant les prix vers le bas. ❑ Petits clients auxquels on peut plus ou moins dicter ses conditions. *Les deux peuvent coexister comme dans le cas de la SNCF qui fait payer aux voyageurs le déficit qu'elle enregistre sur les marchandises où la concurrence est féroce.*
Concent ration	❑ Nombreux clients : l'un peut remplacer l'autre. ❑ Peu de clients, la perte de l'un d'entre eux est très importante.
Importa nce du produit pour le client	❑ Produit peu important : le client est peu regardant sur les prix. ❑ Produit fondamental et entrant pour une grande part dans le prix de revient : le client est très exigeant sur les prix.
Informat ion	❑ Clients peu informés sur les prix de revient et donc peu regardants sur les prix. ❑ Clients très informés obligeant à des marges faibles.

Note sur 10 :
Pondération (de 1 à 5) :
Note pondérée (note * pondération) :
Reportez les chiffres sur votre grille page 113 et sq..

Marketing et commercial

Grille n° 51
Marketing et commercial

Aspect traité	Appréciation (Cochez la ligne qui vous paraît convenir)
Marketing	❑ Insuffisante. ❑ Suffisante. *Importance du service ou des services extérieurs (conseil...) achat d'études)*
Importance du budget	❑ Insuffisant. ❑ Trop élevé (ratio coût du marketing / augmentation des ventes ou lancement de nouveaux produits.). ❑ Suffisant.
Efficacité du marketing	❑ Faible. ❑ Bonne.

Information commerciale externe	❏ Connaissance insuffisante de la concurrence. ❏ Bonne connaissance de la concurrence. ❏ ❏ Connaissance insuffisante des clients. ❏ Bonne connaissance des clients.
Information commerciale interne	❏ Insuffisante (tableaux de bord, statistiques, plans marketing ,etc.). ❏ Bonne.
La publicité Volume	❏ Suffisant. ❏ Insuffisant.
La publicité Efficacité	❏ Efficacité non démontrée. On en fait comme tout e monde ❏ Efficace.
La publicité Côut	❏ Dispendieuse. ❏ Rapport coût / efficacité correct.
La publicité Suivi	❏ Suivie sur le long terme. ❏ Coups de tête.
Note sur 10 : Pondération (de 1 à 5) : Note pondérée (note * pondération) : Reportez les chiffres sur votre grille page 113 et sq..	

L'organisation commerciale

	Grille n° 52 **L'organisation commerciale**

Aspect traité	Appréciation (Cochez la ligne qui vous paraît convenir)
Organisation de la force de vente	❑ Organisation peu efficace. ❑ Bonne organisation.
Qualité de la force de vente	❑ Vendeurs peu motivés : turn-over important. ❑ Excellents vendeurs à forte motivation.
Formation de la force de vente	❑ Vendeurs peu qualifiés : insuffisance de la formation. ❑ Vendeurs très bien formés.
Coût de l'organisation commerciale	❑ Trop faible : qui veut la fin veut les moyens ! ❑ Élevé ou trop élevé. ❑ Satisfaisant.
Capacité commerciale	❑ Retards importants sur les livraisons, réclamations. ❑ Clients satisfaits.

Note sur 10 :

Pondération (de 1 à 5) :

Note pondérée (note * pondération) :

Reportez les chiffres sur votre grille page 113 et sq..

Les finances

C'est sans doute le point clé en termes d'évaluation, car le résultat financier traduit les qualités ou les défauts de l'entreprise : gestion, produit, marché... C'est peut-être aussi le point sur lequel vous aurez le moins d'informations. L'information financière est destinée aux actionnaires. C'est surtout de la pub. Sachez cependant que le Comité d'Entreprise, s'il existe, a connaissance de certains chiffres. Il est tenu à une certaine réserve, mais vous pourrez peut-être obtenir quelques informations banales, mais utiles.

Il va de soi, à une époque où les entreprises gagnent plus d'argent sur les marchés financiers qu'en investissant de façon productive, que les grandes entreprises sont, généralement, remarquablement gérées sur ce point, qui est d'ailleurs de gestion facile car purement technique. En revanche bien des petites entreprises ont encore, parfois, beaucoup à faire. Les sommes en jeu étant plus faibles, elles y portent, à tort, moins d'attention ou elles n'ont pas les spécialistes nécessaires

A défaut de chiffres précis et de ratios intéressants, quelques points sont à considérer, fut-ce de façon qualitative.

La gestion financière

Un point important concerne la gestion quotidienne de la trésorerie de façon à avoir une disponibilité maximum. L'idéal étant d'être payé le plus vite possible par les clients et de payer les fournisseurs le plus tard possible, donc facturation immédiate et délais de paiement. Dans nombre de cas, ceci est lié à des habitudes de la profession et à des rapports de force, et ne peut guère être modifié de façon très importante. Le poids de l'entreprise et donc son pouvoir sont des facteurs qui peuvent modifier profondément ce rapport de forces. L'état vous impose 10% de pénalité si vous ne payez pas vos impôts à la date qu'il prescrit, mais vous paiera, vous, avec des délais qui se compteront en mois sinon en années. Ce n'est pas juste ? Portez donc plainte et vous en verrez l'effet. Il faut avouer que la République (Res publica, ce qui appartient à tous) appartient plus à certains qu'à d'autres.

Un second porte sur la gestion de l'endettement à court ou long terme. Les emprunts à très court terme sont généralement onéreux. Certains emprunts à long terme peuvent avoir été faits à une époque où les taux étaient élevés, et il est nécessaire de les renégocier ou de faire d'autres emprunts à des taux plus faibles pour rembourser les premiers.

En cas de trésorerie tendue, il est bon, enfin, d'avoir des accords avec les banques de façon à assurer cette trésorerie sans négocier à chaque fois.

Grille n° 53
La gestion financière

Aspect traité	Appréciation (Cochez la ligne qui vous paraît convenir)
Gestion de la trésorerie courante	❑ Service spécialisé compétent. ❑ Une des préoccupations du Directeur financier. ❑ Une des préoccupations du DG. ❑ Le comptable doit y veiller plus ou moins. ❑ Pas de gestion.
Gestion de l'endettement	❑ Très serrée. ❑ ❑ Il y a un certain laissez aller.

Relations avec les banques	❏ On prête aux banques ! ❏ Confortable. ❏ Parfois difficile. ❏ Il faut solliciter la banque pour certaines échéances.
Note sur 10 : Pondération (de 1 à 5) : Note pondérée (note * pondération) : Reportez les chiffres sur votre grille page 113 et sq..	

Le résultat financier

Les éléments financiers sont des ratios calculés du point de vue du capital, propriétaires ou prêteurs et pas du tout du point de vue des salariés.

Il y aurait sans doute des ratios à calculer, et pas seulement strictement financiers, qui intéresseraient davantage les salariés, tels ceux portant sur la pérennité de la structure. Par exemple, la capacité à suivre les développements techniques ou les modifications des marchés, la capacité à se défendre contre des rachats intempestifs...

Cependant, si ce qui est bon pour le capital ne l'est pas obligatoirement pour les salariés, ce qui est mauvais pour le capital est également mauvais pour les salariés, tout simplement parce qu'en cas de rentabilité insuffisante, il est un moyen simple de rétablir une rentabilité satisfaisante, au moins à court terme, c'est le licenciement de salariés, justement. Par ailleurs, un résultat financier négatif durable ouvre la voie au rachat... ou même au dépôt de bilan.

Quant au long terme, un salarié est lié à une entreprise pour au moins quelques années. Les marchés, eux, peuvent arbitrer d'un jour sur l'autre. C'est dire que, pour les salariés, la pérennité de la structure est beaucoup plus importante que certains ratios financiers. Mais répétons-le, il vaut quand même mieux être dans une entreprise qui gagne de l'argent, car sinon, elle disparaît.

Deux documents comptables sont des documents clés. Le compte d'exploitation générale qui donne les variations sur une année donnée des éléments fondamentaux de la vie de l'entreprise : achats ventes, salaires... Et le bilan qui est une photographie de l'entreprise en fin d'année, avec essentiellement une vue financière.

Les documents comptables sont relativement complexes pour les non initiés. Essayez d'en extraire quelques chiffres. A défaut, une fois de plus, soyez qualitatif.

Grille n° 54 Le résultat financier	
Aspect traité	**Appréciation** (Cochez la ligne qui vous paraît convenir)

Fonds de roulement *C'est la capacité de l'entreprise à assurer les mouvements courants sans recourir à des découverts ou des emprunts à court terme qui coûtent cher. Le BFR (besoin en fond de roulement) mesure ces fonds nécessaires.*	❑ Suffisant. ❑ Insuffisant pour certaines échéances. ❑ Tout à fait insuffisant. Cela coûte cher.
Le bénéfice ou la création de valeur *Le chiffre le plus significatif est le bénéfice sur fonds propres, c'est à dire hors dettes à long terme.*	❑ Satisfaisant pour les actionnaires (autour de 15%). ❑ Satisfaisant, sans être extraordinaire. ❑ Traditionnel (autour de 5%) ❑ Nul ou négatif ces derniers temps.
Profitabilité Taux de profitabilité = Profit / valeur ajoutée. *La valeur ajoutée, est de façon simplifiée, la différence entre les achats et les ventes. Il mesure la performance de gestion de l'entreprise.*	❑ Taux faible ❑ Taux conforme aux autres entreprise du secteur. ❑ Très bonne profitabilité.

L'endettement à long terme	❏ Faible
Il s'ajoute au capital, mais il faut payer les intérêts. Il peut permettre des investissements ou des rachats. On calcule généralement un ratio fonds propres / emprunts à long terme. Il peut être très variable. Celui des banques est particulièrement bas.	❏ Important mais permet des effets de levier ❏ Important ❏ Trop important, le service de la dette asphyxiant l'entreprise
La liquidité	❏ Importante
Créances + disponibilités / Dettes à court terme. (On ajoute les stocks s'ils sont réalisables.).	❏ Satisfaisante ❏ Insuffisante

Les capacités d'auto-financement *C'est ce qui reste à l'entreprise une fois, payés matières premières, salaires, impôts et actionnaires. Elles sont importantes pour l'avenir de l'entreprise, en termes de capacités d'investissement*	❑ Importantes ❑ Correctes ❑ Insuffisantes
Note sur 10 : Pondération (de 1 à 5) : Note pondérée (note * pondération) : Reportez les chiffres sur votre grille page 113 et sq..	

La structure

Pérennité de la structure

Elle est difficile à apprécier et récemment, on a vu de bonnes entreprise être rachetées, de moins bonnes en racheter d'autres, des cours de Bourse en accordéon pour des entreprises bien gérées, etc. Cependant, si tous les indicateurs sont bons, si le C.A., le bénéfice, le nombre de collaborateurs, la notoriété, la qualité des produits, les marchés, sont tous en expansion, on peut raisonnablement parier sur la pérennité de la structure. De nos jours, cela reste un pari !

Grille n° 55	
La pérennité de la structure	
Aspect traité	**Appréciation** (Cochez la ligne qui vous paraît convenir)
Chiffre d'affaires	❏ En croissance ❏ Stagnant ❏ En baisse
Profit	❏ En croissance ❏ Stagnant ❏ En baisse
Productivité	❏ En croissance ❏ Stagnant ❏ En baisse
Marchés	❏ En croissance ❏ Stagnant ❏ En baisse
Gamme des produits	❏ Augmente ❏ Stagne ❏ Se réduit
Notoriété des produits	❏ Augmente ❏ Stagne ❏ En baisse
Nombre de collaborateurs	❏ En croissance ❏ Stagnant ❏ En baisse

Internationalisation	❑ Réalisée
	❑ En cours
	❑ On y pense !
	❑ Hors de question
Créations de filiales	❑ Réalisée
	❑ En cours
	❑ On y pense !
Répartition du capital	❑ Capital familial très stable
	❑ Capital stable. Tour de table solide
	❑ Dans le public
	❑ Dans le public et éventuel risque d'OPA.
Répartition de la valeur ajoutée *L'entreprise est d'autant plus solide qu'elle consacre un part importante de cette valeur à ses investissements.*	❑ Frais de gestion trop élevés. Bénéfices distribués trop élevés. Salaires trop élevés. ❑ L'investissement l'emporte
Note sur 10 :	
Pondération (de 1 à 5) :	
Note pondérée (note * pondération) :	
Reportez les chiffres sur votre grille page 113 et sq..	

Votre travail

L'environnement large de votre travail

Grille n° 56
L'environnement large de votre travail

Aspect traité	Appréciation (Cochez la ligne qui vous paraît convenir)
Qualité de l'architecture	❏ A la limite du misérable. ❏ Quelconque. ❏ Correcte. ❏ De bonne qualité. ❏ Somptueuse et coûteuse. ❏ Bon rapport qualité / prix
Originalité de l'architecture	❏ Banalité totale. ❏ Allure correcte. ❏ Allure originale des bâtiments. ❏ Excessive : le patron a fait joujou !
État des immeubles	❏ Misérable ❏ Correct ❏ Excellent.
Possibilité d'extension	❏ Non. Il faudra déménager un jour. ❏ Oui.

État des abords	❑ Peu reluisant. ❑ Correct. ❑ Agréable. ❑ Verdure ❑ non. ❑ Parking ❑ non.
Note sur 10 : Pondération (de 1 à 5) : Note pondérée (note * pondération) : Reportez les chiffres sur votre grille page 113 et sq..	

L'environnement immédiat de votre travail

<table>
<tr><td colspan="2" align="center">Grille n° 57
L'environnement immédiat de votre travail</td></tr>
<tr><td align="center">Aspect traité</td><td align="center">Appréciation
(Cochez la ligne qui vous paraît convenir)</td></tr>
<tr><td>Espace</td><td>❑ Entassement.
❑ Suffisant.
❑ Spacieux.</td></tr>
<tr><td>Qualité de l'espace</td><td>❑ Le cagibi.
❑ Mal aéré, mal éclairé, mal commode.
❑ Agréable.</td></tr>
</table>

Propreté	❏ Du crasseux ❏ ... ❏ à l'impeccable.
Qualité du mobilier	❏ Bon pour le grenier. ❏ Correct. ❏ Agréable.
Esthétique	❏ Design. ❏ Correcte. ❏ N'importe quoi.
Note sur 10 : Pondération (de 1 à 5) : Note pondérée (note * pondération) : Reportez les chiffres sur votre grille page 113 et sq..	

Les caractéristiques de votre travail

Grille n° 58 Les caractéristiques de votre travail	
Aspect traité	**Appréciation** (Cochez la ligne qui vous paraît convenir)
Intérêt du travail	❏ Nul. ❏ = ❏ Passionnant.

Caractère innovateur du travail	❑ Répétitif ❑ Innovant. ❑ Challenge perpétuel.
Caractère instructif du travail	❑ Nul : j'oublie même ce que j'ai appris. ❑ J'entretiens mes connaissances. ❑ J'ai la possibilité d'apprendre des choses nouvelles dans le travail.
Caractère relationnel du travail	❑ Travail solitaire. ❑ Travail intéressant en ce qu'il me met en contact avec beaucoup de monde.
Étendue des responsabilités	❑ Aucune. ❑ Sur certains points. ❑ Importante. ❑ Totale. *Elle doit être entendue en fonction du poste, cela va de soi, l'étendue des responsabilités allant généralement de pair avec le niveau hiérarchique.*
Importance de ces responsabilités pour la vie de l'entreprise	❑ Nulle : la disparition du poste ne se remarquerait guère, hélas ! ❑ = ❑ Très grande, Dieu merci !

Note sur 10 :
Pondération (de 1 à 5) :
Note pondérée (note * pondération) :
Reportez les chiffres sur votre grille page 113 et sq..

Autres avantages et inconvénients de votre travail

Grille n° 59 Autres avantages et inconvénients de votre travail	
Aspect traité	**Appréciation** (Cochez la ligne qui vous paraît convenir)
Possibilités d'avancement	❏ Nulles. ❏ Faibles. ❏ = ❏ Fortes.
Pénibilité	❏ Travail très fatigant. ❏ Travail normal. ❏ Salissant ❏ Non. ❏ Horaires difficiles (travail de nuit, le dimanche...). ❏ Horaires excessifs. ❏ Horaires normaux. ❏ Passage aux 35 heures.
Risques professionnels	❏ Risques de maladies professionnelles. ❏ Non. ❏ Risques d'accident. ❏ Non. ❏ Environnement ou climat difficile (par exemple pour expatriés). ❏ Non

Autres	❏ Non
	❏ Oui
	Vous seul pouvez les énumérer, car ils peuvent être extrêmement divers. Cela peut aller de la proximité de votre domicile, à la proximité d'un lycée, aux facilités de circulation et de stationnement, à la présence d'une bande de copains, au fait de travailler dans la même entreprise que sa femme...

Note sur 10 :
Pondération (de 1 à 5) :
Note pondérée (note * pondération) :
Reportez les chiffres sur votre grille page 113 et sq..

Les moyens de votre travail

L'idéal pour une entreprise serait que le travail salarié rapporte beaucoup et coûte fort peu. C'est dire que dans bien des cas l'entreprise exigera un travail important sans obligatoirement donner tous les moyens de faire ce travail. Ces moyens peuvent être humains : collaborateurs, secrétaires ; matériels : machines, micro-ordinateurs ; immatériels : études, rapports. Il va de soi que l'on ne peut jamais avoir tous les moyens dont on pourrait rêver. Mais il y a un minimum sans lequel on ne peut que s'user physiquement et psychologiquement.

Grille n° 60	
Les moyens de votre travail	
Aspect traité	Appréciation
	(Cochez la ligne qui vous paraît convenir)

Moyens humains Essentiellement les collaborateurs.	❑ Notoirement insuffisants. ❑ Insuffisants, mais l'on fait face. ❑ Corrects. ❑ Suffisants.
Moyens matériels	❑ Notoirement insuffisants. ❑ Insuffisants, mais l'on fait face. ❑ Corrects. ❑ Suffisants.
Moyens immatériels *Par exemple, études, conseil...*	❑ Notoirement insuffisants. ❑ Insuffisants, mais l'on fait face. ❑ Corrects. ❑ Suffisants.
Moyens financiers *Par exemple notes de frais, primes pour les collaborateurs, etc.*	❑ Notoirement insuffisants. ❑ Insuffisants, mais l'on fait face. ❑ Corrects. ❑ Suffisants.

Note sur 10 :
Pondération (de 1 à 5) :
Note pondérée (note * pondération) :
Reportez les chiffres sur votre grille page 113 et sq..

La contrepartie de votre travail

Grille n° 61
La contrepartie de votre travail

Aspect traité	Appréciation (Cochez la ligne qui vous paraît convenir)
Salaire	❏ En dessous des normes de la profession. ❏ Égal aux normes de la profession. ❏ En dessus des normes. ❏ Très en dessus des normes.
Avantages	❏ Rien. ❏ 13 ° mois. ❏ 14° mois ou plus. ❏ Primes ou non. ❏ Stocks options ou non. ❏ etc.
Avantages en nature	❏ Rien. ❏ Appartement. ❏ Voiture. ❏ Autres : voyages à tarif réduit, ❏ etc.
Retraite	❏ Faible. ❏ Correcte. ❏ Intéressante.
Avantages divers	❏ Rien ou presque. ❏ Restaurant d'entreprise ou chèques repas. ❏ Crèche pour les enfants. ❏ Colonies de vacances pour les enfants. ❏ Vacances à prix réduit. ❏ etc.

Sécurité du poste	❏ Sécurité nulle : le poste peut être supprimé du jour au lendemain.
	❏ Relativement aléatoire.
	❏ Poste stable.
	❏ Pérennité du poste.
Sécurité de l'emploi	❏ Avenir imprévisible !
	❏ Licenciements fréquents.
	❏ Entreprise solide faisant peu ou pas de licenciements.
	❏ Statut de l'entreprise garantissant l'emploi (fonctionnaires ou assimilés).
Avantages indirects	❏ Facilités de transport.
	❏ Proximité de crèches, écoles, garderies…
	❏ Etc.
	C'est tout ce qui est pratique pour vous, sans avoir été prévu ou voulu par l'entreprise.

Note sur 10 :
Pondération (de 1 à 5) :
Note pondérée (note * pondération) :
Reportez les chiffres sur votre grille page 113 et sq..

Autres dimensions.

Si un point important pour l'entreprise considérée n'a pas été prévu, et que cela soit essentiel pour cette entreprise ou que vous y attachiez, vous, une grande importance, vous pouvez compléter avec les dimensions ci-dessous.

Dimension supplémentaire à votre convenance

Note sur 10 quant à ………………………… :

Pondération (de 1 à 5) :
Reportez les chiffres sur votre grille page 113 et sq..

Dimension supplémentaire à votre convenance

Note sur 10 quant à .... :
Pondération (de 1 à 5) :
Reportez les chiffres sur votre grille page 113 et sq.. .

Dimension supplémentaire à votre convenance

Note sur 10 quant à .... :
Pondération (de 1 à 5) :
Reportez les chiffres sur votre grille page 113 et sq.. .

Le diagnostic

Relevé des notes

Dimensions	Note brute	Note pondérée	Coefficient de pondération
1. La relation hiérarchique			
2 . Les relations humaines			
3. La communication			
4. La gestion des ressources humaines			
5. La politique générale			
6. La culture de l'entreprise			
7. Perception par l'extérieur			
8. Le produit			
9. Le marché			
10. La gestion financière			
11. La pérennité de la structure			
12. Votre travail			
13. Dimension supplémentaire 1			
14. Dimension supplémentaire 2			
15. Dimension supplémentaire 3			
Total			

Calcul de la note globale

Divisez le total des notes pondérées par le total des pondérations.

L'interprétation de la note globale

Si votre note pondérée est plus faible que la note brute, cela signifie que l'entreprise obtient de mauvaises notes sur des critères qui vous tiennent à cœur. C'est un point à considérer quant à votre épanouissement personnel, puisque votre satisfaction est faible.

Si la note pondérée finale est inférieure à la moyenne, cela signifie (**selon vous !**) que cette entreprise soufre d'assez graves défauts.

Mas il est bon de rapporter ces défauts aux spécificités de l'entreprise. Quels que soient les efforts de chacun, L'Éducation nationale souffrira toujours d'un déficit de communication, en raison de sa taille, presque ingérable. Quelles que soient les qualités du management, une entreprise d'un secteur très traditionnel (textile, métallurgie, etc.) sera toujours guettée par le déclin, la concurrence de nouveaux pays, compliquée de dumping, étant presque irrésistible. Quelle que soit la qualité de son produit, une nouvelle entreprise de la net-économie pourra rencontrer des difficultés à trouver son marché et à devenir rentable.

Certains défauts sont en fait rédhibitoires dans certains secteurs et presque inévitables dans d'autres. Réfléchissez donc aux spécificités de l'entreprise et du secteur avant de décider qu'une mauvaise note signifie bien une mauvaise entreprise.

Mais une entreprise peut être bonne ou moins bonne en soi ou par rapport à vous. Voyez ci-dessous cette répartition.

Un autre type de relevé des notes : vous / l'entreprise

Les groupes d'items que nous avons utilisés sont ceux des grandes fonctions de l'entreprise. On a pu constater que certains items portaient plus sur la vie dans l'entreprise, quotidienne ou à terme, et d'autres sur la valeur de cette entreprise et sa pérennité.

Les deux points sont importants, mais peuvent être vus différemment selon le poste occupé. Si vous avez des stocks options, leur valeur à terme et donc la valeur boursière de l'entreprise, sont importants pour vous. Si vous occupez un poste d'ingénieur débutant dans une spécialité pointue et facile à placer sur le marché du travail, la qualité de la vie quotidienne pourra, pour vous, prendre le pas sur la pérennité de la structure.

Nous vous proposons donc un regroupement des notes selon ces deux points de vue. En fonction de votre poste, mais aussi de votre caractère, de vos objectifs, etc., vous aurez ainsi d'autres critères de choix.

Vous pouvez modifier la notation que vous avez utilisée précédemment.

Les items concernant particulièrement votre vie quotidienne.

Dimensions	Note	Coeff.	Note Finale
2. Distance hiérarchique			
3. Profil de la hiérarchie			
4. Composition de la hiérarchie			

5. Longueur de la ligne hiérarchique.			
6. Relations avec la hiérarchie en général.			
7. Relations professionnelles avec le hiérarchique direct.			
8. Caractéristiques personnelles du hiérarchique direct.			
9. Caractéristiques relationnelles du hiérarchique direct.			
10. Caractéristiques gestionnaires du hiérarchique direct.			
11. Autorité sur les collaborateurs.			
12. Qualités des collaborateurs.			
13. Relations avec les collègues en général.			
14. Relations avec les fonctionnels.			
15. Communication interne.			
16. Réunions.			
20. Gestion des ressources humaines			
21. La Direction des ressources humaines			
22. Résultats de la gestion des ressources humaines			
23. Recrutement			
25. Les définitions de fonction			
26. Le système d'appréciation			
27. Les promotions			
28. Les plans de carrière			
29. La formation.			
30. Les salaires.			
32. Les procédures.			
36. La gestion des conflits.			
37. Décisions.			

	Total de la colonne. (a).	Total de la colonne. (b)	Total de la colonne (c)
40 Modes de vie			
41. Valeurs de l'entreprise			
57. L'environnement large de votre travail			
58. Environnement immédiat de votre travail			
59. Caractéristiques de votre travail.			
60. Autres avantages et inconvénients de votre travail.			
61. Les moyens de votre travail.			
62. La contrepartie de votre travail.			
.1° Dimension supplémentaire			
2° Dimension supplémentaire			
3° Dimension supplémentaire			

Note brute (a / nombre de notes) de l'entreprise =

Note pondérée (c / b) de l'entreprise =

Si la note est inférieure à la moyenne, cela veut dire que vous êtes mal à l'aise dans cette entreprise, que ses aspects relationnels ne sont pas ceux que vous attendez, même si elle est techniquement bien gérée.

Items concernant plus particulièrement l'entreprise

Dimensions	Note	Coeff.	Note Finale
1. Organigramme			
18. Communication externe formelle.			
19. Communication externe informelle.			
31. Le style de Direction.			
33. Les objectifs			
34. Cohérence objectifs / moyens			
35. Stratégie proprement dite			
36. La gestion des conflits.			
37. Décisions.			
42. Image de l'entreprise dans le public			
43. Accueil des visiteurs et des clients			
44. Le produit.			
45. L'entreprise et ses fournisseurs.			
46. Les matières premières			
47. Production.			
48. Gestion des stocks.			
49. La concurrence.			
50. Le marché			
51. Les clients			
52. Marketing et commercial.			
53. Organisation commerciale			
54. La gestion financière.			
55. Le résultat financier.			

	Total de la colonne. (a)	Total de la colonne. (b)	Total de la colonne. (c)
56. la pérennité de la structure			
63. 1° Dimension supplémentaire			
64. 2° Dimension supplémentaire			
65. 3° Dimension supplémentaire			

Note brute (a / nombre de notes) de l'entreprise =
Note pondérée (c / b) de l'entreprise =

Si la note pondérée est inférieure à la moyenne, cela signifie que cette entreprise n'est pas gérée de façon optimale ou qu'elle est sur un marché particulièrement difficile.

Après vous êtes vous-même évalué, voyez le chapitre : **Arbitrez**, pour voir quelles conclusions vous pouvez tirer de ces chiffres.

Évaluez-vous

Il serait insuffisant d'évaluer l'entreprise qui vous emploie ou celle qui pourrait vous employer, sans y ajouter un bilan personnel. La valeur de cette entreprise doit être relativisée par la vôtre ! Si l'entreprise est seulement correcte, mais que vous êtes de très haut niveau, cela peut vous amener à être plus exigeant. A l'inverse, si vous êtes en fin de carrière ou si vous avez des manques évidents, il est peut-être sage de vous contenter d'une entreprise plus moyenne..

Ne culpabilisez pas !

La communication sur la recherche du travail est conçue par des gens qui ont du travail ! La communication sur le marché du travail est faite par des gens qui ne sont pas sur ce marché ! Il y a donc beaucoup d'hypocrisie dans ce domaine. Il y a aussi une surenchère des annonces et des recrutements. A lire certaines petites annonces, il faudrait faire des études jusqu'à 30 ans, et ne travailler que jusqu'à 45, parce qu'après l'on est trop vieux ! Il faudrait aussi posséder des diplômes variés, parler plusieurs langues, avoir de l'expérience. Mais si vous possédez tous ces atouts, vous serez sur dimensionné pour le poste ! Et donc non employable. Il faudrait aussi avoir un projet personnel. Il faudrait….

Ne culpabilisez donc pas si votre bilan n'est pas parfait. Personne n'a un tel bilan, même pas votre futur recruteur. Mais lui est en place...

Faites un bilan objectif

La « communication » sera pour plus tard ! Dans un premier temps soyez le plus objectif possible. Ne vous surévaluez pas. Ne vous sous-évaluez pas non plus. C'est une question de caractère : il est rare que l'on soit dans un juste milieu, c'est-à-dire parfaitement objectif. N'hésitez donc pas à demander du feed-back sur vous-même auprès de collègues ou d'amis en lesquels vous avez confiance. Chacun ne possède de vous qu'une connaissance imparfaite. Mais si plusieurs d'entre eux vous disent la même chose, il y a de fortes chances que cela soit vrai, en tout cas aux yeux d'autrui. Certes, il ne s'agit que de l'image que vous donnez de vous. Mais dans ce domaine les images sont fondamentales, et comptent plus, souvent, que votre vérité profonde.

Comparez ce qui est comparable

Faire un bilan personnel, c'est implicitement, faire un bilan comparatif. Mais la comparaison doit se faire toutes choses égales par ailleurs. Vous devez donc vous comparer, par exemple, avec vos camarades de promotion, si vous sortez d'une École. Mais ne pas vous comparer avec l'héritier d'une entreprise si vous n'êtes pas dans ce cas.

Faites le bilan de votre carrière

Reconstituez la progression de votre carrière

Une carrière peut généralement s'inscrire sur une courbe. Courbe qui n'est pas obligatoirement régulière, car, même dans les meilleures réussites, il y a des hauts et des bas.

Par ailleurs, une carrière n'est pas un élément unidimensionnel. Certains postes sont mieux rémunérés, d'autres ont plus de responsabilités.

Essayez donc plusieurs courbes, puis essayez de les superposer de façon à faire ressortir une tendance générale. Travaillez avec un papier et un crayon et soyez précis. De temps en temps, il est bon de mettre les choses noir sur blanc.

Reconstituez votre progression de salaires

Là aussi, il a pu se produire des infléchissements.

C'est donc une tendance générale qu'il faut déterminer. De nouveau, prenez un papier et un crayon et soyez précis.

Comparez cette tendance avec d'autres tendances, (qui peuvent consoler... ou désoler !), comme celles du SMIC, de l'inflation, de la Bourse etc.

Comparez aussi le niveau actuel de votre rémunération avec le niveau de postes comparables tels que certaines magazines les publient.

Reconstituez la progression de vos responsabilités

Généralement, cette progression est fonction de la carrière.

Cependant dans certains cas, les responsabilités peuvent s'étendre bien que le poste et son niveau hiérarchique restent les mêmes. Dans certains cas, il faut donc distinguer. Déterminez une tendance.

Déterminez une tendance générale

En fonction de ces trois éléments que sont niveau hiérarchique, salaire et responsabilités, vous devez pouvoir maintenant déterminer une tendance générale de votre carrière. On peut alors distinguer plusieurs cas.

1. La tendance générale est positive, c'est-à-dire croissante, et tous les éléments vont dans le même sens.

De deux choses l'une. Ou cette progression est liée à des changements d'entreprise et cela veut dire que c'est vous qui faites votre carrière et que les entreprises ne vous y aident pas vraiment. Ou votre carrière s'est déployée dans la même entreprise ou presque et cela veut dire que l'entreprise reconnaît vos mérites et vous permet de faire carrière ou vous y aide. C'est un point à considérer.

2. La tendance générale est plate, c'est-à-dire que depuis un certain nombre d'années, il n'y pas eu d'évolution significative. Il est possible que cela soit normal. Si vous êtes enseignant, par exemple, sauf nouveau concours à préparer et à passer, il y a une forte probabilité pour que vos responsabilités restent les mêmes et que votre salaire ne progresse qu'à un rythme qui vous paraît lent. Un certain nombre de postes sont ainsi. Il est également possible que ce ne soit pas tout à fait normal et que par exemple vos collègues fassent manifestement mieux que vous.

Ceci demande un examen de conscience sérieux. Ou, en effet, l'essentiel de la responsabilité est chez vous. Vous avez fait quelques erreurs et vous les payez. Vos compétences ne sont plus rares. Vous n'avez pas fait d'efforts suffisants pour vous mettre au courant de nouvelles technologies (informatique ... anglais !) Vous estimez que vous êtes en fin de course et vous êtes mis en roue libre. Ou vous avez délibérément mis l'accent sur votre vie privée. Ou tout ce qui précède est faux, et l'entreprise ne reconnaît pas la qualité de vos services. Attention, soyez très critique. Rien de plus préjudiciable que de mettre à charge d'autrui ce qui est à sa charge : les autres ne changeront pas !

3. La tendance générale est négative, c'est-à-dire que salaires, responsabilités, ... ne progressent pas ou même régressent. Il faut alors faire un bilan serré. Ou cela peut s'expliquer par des contraintes extérieures, maladie, problèmes familiaux ou personnels, et il faut en accepter les conséquences. Ou cela vient de vous : compétences qui ont vieilli, refus d'accepter tel ou tel poste, ce qui vous a cantonné dans ce qui est devenu un placard, manque de dynamisme ou d'ambition ... Ou enfin, cela est essentiellement dû à l'entreprise qui vous emploie ; entreprise elle-même en perte de vitesse, secteur impitoyablement restructuré, ou simplement entreprise qui ne sait pas reconnaître et valoriser vos compétences et vos

qualités, ou entreprise qui a une politique d'emploi presse-citron. Le changement d'entreprise est alors à considérer.

Faites le bilan de vos points forts

Le bilan de personnalité

Votre personnalité est ce qu'elle est. Et la personnalité, contrairement à ce que racontent nombre de charlatans, ne se change guère. Par ailleurs, il n'y a pas à connoter certains de ses aspects en bien ou en mal. Tout dépend du poste que vous occupez ou que vous voulez occuper. C'est le **couple produit / marché** qu'il faut considérer et dans une économie de marché tout se vend. Le seul problème c'est de trouver l'acheteur ou mieux, mais plus difficile, de créer cet acheteur. L'examen de votre personnalité doit donc être très objectif : vous pouvez vous tromper sur vous-même, les autres ne se tromperont pas; et les employeurs vous en voudront d'avoir cru acheter tel produit alors qu'ils en ont acheté un autre. Vendez-vous tel que vous êtes. Mais comme tous les vendeurs, mettez en avant ce qui est pré-vendu., c'est-à-dire ce qui est attendu de quelqu'un ayant votre profil professionnel.

Le bilan de vos atouts : les diplômes

Eux aussi sont ce qu'il sont et eux ne peuvent être maquillés. Certains diplômes se sont bonifiés avec le temps : effet de mode, besoins grandissants. Profitez en. D'autres ont moins bien vieilli. Soyez là aussi impitoyable. Inutile de vous draper dans les plis d'un diplôme qui n'impressionne plus. Il vaut mieux alors valoriser votre expérience. Faites attention aussi au fait que diplôme et carrière se valorisent mutuellement. Si vous sortez d'une école prestigieuse, mais que votre carrière le soit moins, certains ne pourront s'empêcher de marquer la différence.A l'inverse, si vous êtes un *self made man* et que votre carrière soit brillante, on le mettra au compte, positif, de votre personnalité.

Le bilan de vos atouts : l'expérience

Ce que les entreprises demandent, semble-t-il, c'est un juste milieu. Si vous n'avez aucune expérience, on vous le reprochera. Si vous en avez beaucoup, on pensera peut-être que vous avez vieilli sous le harnais et que vous ne savez faire que cela et donc que vous manquez d'adaptabilité. Donc, en début de carrière, valorisez votre expérience. Par la suite, montrez que vous n'avez pas seulement de l'expérience, mais aussi **des** expériences, autrement dit que votre palette est large.

Le bilan de vos atouts : les compétences

On peut distinguer : les compétences habituellement mobilisées, celles qui servent tous les jours en quelque sorte ; les compétence laissées en jachère, mais qu'on pourrait réanimer ; les compétences auxquelles il manque juste un petit quelque chose (formation, entraînement ...) pour devenir opérationnelles, et enfin les compétences qui manquent pour prétendre à autre chose.

Il est bon de distinguer plusieurs sortes de compétences : techniques, relationnelles, personnelles.

1. Les compétences techniques.

Généralement, on insiste sur les compétences techniques et il est vrai qu'elles forment l'assise des compétences professionnelles. Répertoriez donc toutes vos compétences techniques même celles qui sont relativement minces. Combinées avec d'autres, elles peuvent former un ensemble intéressant.

2. Les compétences relationnelles.

Quant aux compétences relationnelles, elles ont été longtemps limitées à ce qu'on appelait autrefois commandement. On insiste beaucoup plus actuellement sur la capacité à motiver d'autres personnes et particulièrement des collaborateurs. Indépendamment de votre expérience professionnelle, recherchez dans toute votre expérience personnelle tout ce qui d'une façon ou d'une autre se rapproche d'une animation d'équipe : sport, politique, organisations diverses. Et voyez comment vous pouvez les valoriser. Consignez vos capacités à vous intégrer à une équipe, à collaborer. C'est un point clé. Notez aussi tout ce qui est proche de capacités à convaincre, à vendre une idée, à vendre tout court. Notez enfin tout ce qui se rapproche d'une activité de négociation. Ces compétences relationnelles personnelles peuvent très facilement devenir des compétences professionnelles.

En effet, on considérait traditionnellement qu'elles relevaient de la personnalité et qu'elles ne nécessitaient pas d'apprentissage, sinon par la pratique. Elles sont donc peu enseignées surtout à l'université. En revanche, d'innombrables stages de formation continue portent sur ces sujets. Suivez-en quelques-uns. Ils vous donneront quelques techniques, et à tout le moins du vocabulaire, ce qui suffit souvent ! Et ils renforceront votre expérience personnelle.

3. Les compétences personnelles.

Elles sont également très recherchées quoique plus difficiles à définir. Cela est particulièrement évident pour les postes de très haut niveau : capacités stratégiques, etc. Pour d'autres postes, on insistera plus particulièrement sur : autonomie, capacité de décision, capacité négociatrice, sens politique, capacité à distinguer l'essentiel de l'accessoire, volonté, mais aussi goût de vaincre, de se surpasser... Les entreprises sérieuses tentent de les découvrir par des tests psychologiques qui valent ce qu'ils valent et auxquels il est assez facile de tricher (Attention, les mensonges doivent être cohérents et organisés!). D'autres se fient à l'intuition de leurs recruteurs. D'autres à la dernière mode.

Recherchez donc dans votre expérience personnelle des faits, des événements auxquels vous avez été confronté et qui peuvent prouver que vous avez bien telle ou telle de ces compétences. Vous pourrez en faire état dans vos candidatures spontanées, lors des entretiens et éventuellement pour spécifier tel ou tel résultat de tests. Attention, les psychologues détestent être contredits. Ne contestez pas. Au contraire, acceptez. Mais ajoutez ou distinguez ! D'autres recruteurs se fient plus à l'expérience passée comme preuve de telle ou telle capacité. N'attendez pas que l'on découvre. Avancez des faits, avec une certaine modestie bien sûr.

Pour faire un tableau complet de vos compétences, vous pouvez utiliser plusieurs méthodes.

La première est historique. Partez de l'âge de cinq ans (mais si ! vous aviez peut-être un talent particulier pour échanger des billes à votre avantage !) et au fil des années répertoriez tout ce que vous avez fait et réfléchissez aux compétences que ces activités supposaient. Soyez méthodique et complet.

La seconde méthode est actuelle. Prenez le mois qui vient de s'écouler. Notez toutes vos activités, mêmes très personnelles et privées (un Don Juan, au masculin ou au féminin, a une activité relationnelle intense !) Et cherchez de nouveau quelles compétences ces activités mobilisent, même si vous n'y aviez pas fait attention jusqu'à maintenant. Une fois de plus, soyez méthodique et complet. Utilisez pour vous-même les qualités professionnelles que vous montrez habituellement dans votre travail, c'est-à-dire pour les autres.

Vous avez maintenant une liste de vos compétences. Faites en un tableau en les mettant en colonne et en mettant en ligne les trois Dimensions signalées plus haut : compétences habituelles, compétences mobilisables, compétences incomplètes. Pour les habituelles, pas de problèmes. Pour les mobilisables, demandez-vous ce que vous pourriez faire pour les actualiser et les utiliser. Pour les compétences incomplètes, que faudrait-il pour les compléter et les rendre efficaces : formation, effort personnel... Faites alors une balance : si le coût de complément est trop élevé, oubliez cette compétence. Si le coût est faible, il serait rentable de faire l'effort nécessaire.

Exemple

Compétence	Maîtrisée	Mobilisable	Incomplète	Hors de portée
Vendre				
Négocier				
Persuader				
Motiver				
Gérer des collaborateurs				
Gérer un budget				
Gérer un projet				
Informatique				
Langues				
Autres				

Le bilan de vos atouts : votre apparence

Il est dommage d'en tenir compte, car cela n'est pas très juste : la nature fait ce qu'elle veut. Cependant si vous avez un physique agréable, un sourire chaleureux, un contact facile, cela doit entrer dans votre bilan. Ce sont des atouts comme les autres. Cela est particulièrement important pour les postes en contact avec le public et ceux qui tournent autour de la communication.

Le bilan de vos atouts : votre carnet d'adresses

C'est l'ensemble des relations auxquelles vous pouvez faire appel dans telle ou telle circonstance. Certaines sont sociales et les heureux anciens polytechniciens peuvent écrire Mon cher Camarade à tout ancien X, si haut placé soit-il. D'autres sont familiales, d'autres personnelles. Il va de soi que le carnet doit plutôt compter les personnes qui peuvent vous aider en cas de négociation ou en cas de difficulté, que celles que vous pouvez inviter à fêter vos succès : elles sont infiniment moins nombreuses. C'est un atout capital et pour décrocher un poste et pour décrocher un contrat. Examinez-en soigneusement la valeur, c'est-à-dire la rentabilité, particulièrement dans l'optique d'un changement de poste.

Attention, un carnet d'adresses a d'autant plus de valeur qu'on l'utilise peu et à bon escient. Particulièrement, vous pourrez d'autant plus solliciter telle ou telle relation pour trouver un nouveau poste que vous en avez déjà un. Vous passerez pour dynamique et ambitieux. Si vous êtes dans un moment plus difficile, vos relations auront tendance à se faire oublier.

Le bilan de vos atouts : votre communication

Elle est liée en partie au point précédent. Si vous avez une bonne communication, vous avez probablement un carnet d'adresses rempli. Ajoutez-y votre capacité de contact, votre capacité d'élocution, votre capacité à communiquer par écrit... et les langues étrangères que vous connaissez. Aujourd'hui, c'est un point capital.

Le bilan de vos atouts : vos capitaux

Le point est moins le capital dont vous disposez que celui que vous pourriez mobiliser avec ce que vous possédez. Dans ce domaine, l'effet de levier est fondamental. Tout est ensuite affaire de montage juridico-financier. Travailler n'a jamais enrichi personne. Faire travailler les autres, beaucoup plus. L'idéal étant de faire travailler les autres avec le capital des autres ! Cela suppose des compétences précises. Si vous ne les possédez pas, utilisez les services d'un bon spécialiste.

Le bilan de vos atouts : votre rareté

Un produit cher est un produit rare. Quelques soient vos qualités et vos compétences, si beaucoup d'individus possèdent les mêmes, leur valeur en est diminuée d'autant. A l'inverse si votre spécificité est très pointue, elle sera payée à son prix, mais vous aurez beaucoup plus de difficultés à trouver l'acheteur, car il sera rare lui aussi.

Le bilan de vos atouts : vos hobbies

Il s'agit de les envisager sous deux angles : celui de votre personnalité et celui de vos compétences.

La personnalité. Pour des raisons fort peu scientifiques, mais cela n'a pas d'importance, et qui tiennent plutôt de l'analogie, beaucoup de recruteurs font une liaison entre certaines activités et certains traits de personnalité. Le lecteur sera vu comme un intellectuel, et donc comme un homme qui n'est pas un homme d'action. L'alpiniste sera vu comme un homme d'action et comme quelqu'un aimant prendre des risques. Envisagez donc l'ensemble de vos activités personnelles sous l'angle de ce qu'elles peuvent représenter en termes de personnalité. Soyez complet : beaucoup d'individus considèrent ces activités comme privées et donc socialement négligeables ou comme un jardin secret dont ils n'aiment pas parler. Faites un effort pour les valoriser.

Envisagez aussi ces activités sous l'angle de vos compétences. Si vous êtes adjoint au maire de votre village ou responsable d'une association culturelle sportive ou de bienfaisance, vous y avez acquis des compétences de gestion et d'animation d'équipe. Si vous passez vos soirées à tenir votre journal intime, vous y avez acquis des compétences de rédaction, de style, de structuration de données. Certes, ceci peut être relativement marginal, mais dans la compétition pour un poste, cette marge peut faire la différence.

Le bilan de vos atouts : votre différence

Il est plus facile, dans bien des cas, d'être un littéraire dans une entreprise d'ingénieurs ou mathématicien parmi des littéraires que d'être soumis à la compétition de gens qui vous ressemblent et qui ont les mêmes compétences que vous.

Pour une raison simple : les autres n'ont pas les connaissances qui leur permettraient de critiquer ce que vous faites ou ce que vous dites. C'est la raison de certaines carrières. Si vous êtes différent sur une dimension quelconque, affirmez ou affichez votre différence... jusqu'à un certain point : soyez original mais non marginal. Mais de toutes façons, ne culpabilisez pas. Presque tout peut être retourné en son contraire. Et ce qui peut vous apparaître comme une faiblesse peut être transformé en une force.

Faites le bilan de vos points faibles

Faites d'abord un vrai bilan

Il y a deux sortes de points faibles : les vrais et les faux. Les faux, ce sont ceux qui sont objectifs, mais qui n'apparaissent pas comme tels aux yeux d'autrui. Bien des gens qui pensent avoir une forte personnalité, ne sont que des emmer..., mais qui passent souvent pour effectivement avoir une forte personnalité aux yeux de certains. Cela se vend bien. Tant mieux. Les vrais points faibles sont ceux qui se vendent mal !

Commencez par faire la liste de vos points faibles réels. Soyez impitoyable, les autres le seront encore plus. Une fois la liste établie, reprenez chaque Dimension en vous posant la question : cela se voit-il ? Si cela ne se voit pas, pas de problème. En effet il ne s'agit pas de travailler sur la liste de vos points faibles réels, mais sur ceux qui apparaîtraient comme tels aux yeux d'autrui et particulièrement d'un employeur éventuel.

Si cela se voit, plusieurs possibilités. La première consiste à y remédier, par la formation par exemple. La seconde consiste à essayer de le faire oublier. Une autre à le retourner en son contraire et d'une faiblesse faire une force. Ce n'est pas toujours facile, mais tout l'art de la vente est là. Une autre, enfin, à le maquiller.

Sachez présenter votre bilan : le maquillage

Faites comme les cover-girls. Elles ne sont, bien souvent, pas beaucoup plus jolies que les autres femmes, mais elles sont remarquablement maquillées.

Or un maquillage dépend de deux éléments.

D'abord, un examen critique, qui permet de diagnostiquer les points faibles. Vous venez d'y procéder.

Ensuite, le maquillage proprement dit, qui permet une thérapeutique, en l'occurrence un ravalement... Comment donc maquiller ? Maquiller comporte en fait deux éléments : remédier à certains défauts, mettre en valeur certains éléments.

Sachez présenter votre bilan : soyez positif

Soyez positif dans le vocabulaire que vous employez pour vous décrire. Si vous avez un sale caractère, dites que vous avez du caractère. Si vous êtes indécis, dites que vous réfléchissez avant d'agir. Si vous êtes impulsif, dites que vous êtes un décideur. Si vous êtes autoritaire, dites que vous savez diriger.

Soyez positif dans l'exposé des faits. Si vous avez quitté l'école à 18 ans, parce que l'école vous ennuyait ou que vous n'aviez pas les moyens de continuer des études, dites que c'est parce que vous aviez besoin d'action. Si vous avez fréquemment changé de poste, c'est que vous avez voulu multiplier des expériences. Si, en revanche, vous êtes resté dix ans dans le même poste, c'est que celui-ci vous passionnait. A peu près tout peut être décrit de façon positive. C'est une question d'habitude à prendre !

Sachez présenter votre bilan : améliorez

Améliorez tout ce qui n'est guère vérifiable, c'est-à-dire tout ce qui est qualitatif : l'étendue de vos responsabilités, l'importance de votre fonction, la rentabilité (qualitative !) de vos actions, la confiance que vos supérieurs avaient en vous, ou tout ce qui est exotique (*A beau mentir qui vient de loin...*) : tel séjour au Japon ou en Mongolie extérieure !

Sachez présenter votre bilan : améliorez mais ne mentez pas

Évitez de maquiller tout ce qui est aisément vérifiable : les diplômes, le nombre de personnes sous vos ordres, le montant de votre budget. Un coup de téléphone est vite donné et les DRH se tiennent les coudes. Ni les faits, ni les chiffres ne doivent être modifiés.

Sachez présenter votre bilan : ajoutez une touche critique

Si votre maquillage est particulièrement intense, même s'il est soigné, cela risque de se voir. Ajoutez donc une touche critique. Avouez franchement une erreur de jeunesse, parlez le premier de tel manque dans vos compétences. Cela donnera un cachet d'authenticité aux éléments qui seraient plus discutables.

Estimez votre marché du travail

Habituez-vous, bien que ce ne soit pas très agréable au début, à vous considérer sous l'angle : produit / marché. Quelle que soit la qualité du produit, s'il n'y a pas de marché, ce produit restera invendu. Cela arrive à d'excellents produits. Il faut donc **avoir une attitude résolument marketing**, c'est-à-dire vous préoccuper d'abord de ce que demande le marché du travail et voir ensuite en quoi le produit que vous représentez peut trouver place sur ce marché.

L'attitude marketing consiste à partir du consommateur, de ses goûts, etc. et à construire le produit en fonction de ce que désire le consommateur. Dans votre cas, il est peu probable que vous puissiez avoir une telle démarche. Vous pouvez évidemment vous lancer dans une formation lourde si vous souffrez d'un déficit en termes de diplôme ou de compétences très recherchées. Cela ne peut être qu'exceptionnel. Mais rassurez-vous. Les entreprises n'ont qu'en partie cette attitude marketing. Le plus souvent, elles ont un produit, déterminé par des contraintes techniques, de production, de coûts et il s'agit de persuader le consommateur que c'est ce produit qu'il lui faut. C'est ce à quoi sert la publicité. Partez donc du marché, mais partez aussi du produit. Il est possible que le produit demande quelques aménagements. Il est surtout possible que l'adaptation au marché soit un problème d'habillage, de publicité ou pour reprendre un mot à la mode, de communication.

En termes de couple produit / marché, il faut considérer que vous n'êtes probablement pas un produit à une seule facette : une personne humaine, c'est tout de même plus riche qu'une lessive ! La communication en sera facilitée. Il est même probable que vous avez des qualités, des compétences qui dorment, parce que jusqu'ici, votre entreprise en a mobilisé d'autres. Ou que vous-même les avez laissées en jachère. Nous l'avons vu lors du bilan personnel.

Connaissez le marché du travail

Il existe en fait plusieurs marchés. L'un qui passe par les petites annonces, qui est donc public et que l'on peut tenter d'appréhender. Un autre passe par le recrutement interne. Il ne dépasse pas les limites de l'entreprise. Si l'entreprise est très grande, il représente cependant un marché important, à ne pas négliger. Il n'est pas obligatoirement plus facile de passer d'une filiale d'un groupe important à une autre filiale, mais il est plus facile de savoir s'il y a des postes vacants. Un autre marché est celui du bouche à oreille, le plus difficile à appréhender, mais aussi le plus important. Signalons pour mémoire le marché des chasseurs de têtes, réservé aux postes de haut niveau. Si vous êtes dans leurs fichiers, pas de problème, vous serez sollicité.

Personne ne connaît vraiment le marché du travail dans ses détails, même pas Pole emploi. Seules les tendances lourdes sont connues des spécialistes et plutôt à posteriori qu'à priori. Il est donc nécessaire que vous constituiez votre connaissance personnelle. Consultez régulièrement les petites annonces de façon à vous constituer une statistique personnelle. Si vous êtes encore jeune, et que l'on puisse donc excuser votre inexpérience, n'hésitez pas à demander des entretiens à vos relations pour vous informer auprès des gens du métier.

Appréciez le marché du travail

Il s'agit d'une appréciation la plus objective possible, mais aussi très personnelle. Il ne s'agit pas du marché du travail en soi, mais du marché du travail par rapport à vous en tant que produit. Deux dimensions doivent être envisagées : la taille du marché, c'est-à-dire le nombre d'individus qu'il embauche par an. La durée de ce marché, c'est-à-dire sa persistance, sa capacité à continuer à embaucher et surtout à ne pas débaucher durant quelques années.

Rapprochez-vous du marché du travail

Dans un certain nombre de cas, le produit que l'on représente pourrait assez facilement être valorisé sur un marché, mais il lui manque un élément. Parfois ce manque pourrait être comblé par une formation. Le point est alors de savoir quel serait le coût de cette formation (coût financier, en temps, en énergie) et sa rentabilité.

Arbitrez

Vous disposez maintenant de quatre termes :
- une évaluation de vous-même ;
- une évaluation du marché du travail sur lequel vous êtes réellement ou potentiellement ;
- une évaluation de l'entreprise qui vous emploie, en tant qu'entreprise ;
- une évaluation de votre employeur quant à votre épanouissement personnel

Reste à arbitrer.

Plusieurs cas de figures peuvent se présenter.

Une bonne entreprise, un bon épanouissement personnel

C'est le cas le plus heureux. Si d'une part l'entreprise est solide, gagne de l'argent, prospère, innove, est sur un marché porteur à terme, et si d'autre part, les relations y sont cordiales, votre travail intéressant et que votre carrière y est ascendante, il n'y évidemment aucune raison de la quitter. Mettez votre énergie à exploiter cette situation.

Une entreprise médiocre, un bon épanouissement personnel

C'est un cas plus rare, mais cela peut arriver. Ce qui veut dire que les membres de l'entreprise consacrent plus de créativité dans les relations interpersonnelles que dans la lutte avec l'extérieur. L'arbitrage est alors plus délicat. D'une certaine façon, dans cette situation, vous privilégiez le court terme par rapport au long terme, car l'entreprise risque d'avoir un jour des difficultés, sauf s'il s'agit d'une administration, d'un monopole ou d'une institution nationale dont la pérennité est assurée quoiqu'il arrive.

Si vous êtes en fin de carrière, vous pouvez faire le pari que l'entreprise ne périra pas avant votre retraite.

Si vos êtes en début de carrière votre décision sera essentiellement liée à vos ambitions professionnelles. Si vous privilégiez totalement votre équilibre personnel ou votre vie familiale par rapport à ces ambitions, pourquoi ne pas en rester là ? Si vous ne voulez sacrifier ni l'un ni l'autre, il y a un arbitrage à effectuer.

On peut penser que si vous vous épanouissez dans cette entreprise, c'est que d'une part vous êtes performant sur le plan professionnel et que d'autre part vous savez manager les relations interpersonnelles. Le changement d'entreprise ne devrait donc comporter que peu de risques. Puisque rien ne vous presse, prenez votre temps, préparez-vous soigneusement, et choisissez non moins soigneusement.

Une entreprise performante, un épanouissement médiocre

C'est un cas plus difficile, car il peut être une conséquence, soit des comportements de l'entreprise, soit des vôtres. Il peut exister des entreprises performantes, mais qui le sont au détriment de leurs collaborateurs, car contrairement à une idéologie répandue, performances de l'entreprise et satisfaction des employés ne sont pas obligatoirement fortement corrélées. A vous de savoir si la situation est vraiment insupportable.

Mais il est aussi possible que votre insatisfaction soit liée à vos propres comportements. Peut-être êtes-vous trop exigeant ? Peut-être les comportements des autres ne sont-ils qu'une réponse à vos propres comportements ? Peut-être avez-vous fait une erreur relationnelle, que l'on vous fait payer ? Peut-être avez-vous commis un crime de lèse-majesté ? Cela demande un examen de conscience sérieux, car si les responsabilités sont plutôt chez vous, vous aurez les mêmes difficultés dans une autre entreprise, si vous ne changez pas vous-même d'abord.

Une entreprise médiocre, un épanouissement médiocre

C'est évidemment le cas où l'on peut concevoir de changer d'entreprise. Mais avant même d'envisager une telle éventualité, refaites un examen de la situation. Peut-être avez-vous été trop exigeant avec l'entreprise. Réexaminez les notes attribuées. Éventuellement modifiez-les. De même peut-être avez-vous mis des coefficients excessifs à des points somme toute secondaires. Et refaites un calcul ! Vous arrivez au même résultat ? alors voyons la suite.

Si le bilan de vos atouts est positif (voyez le chapitre suivant) et si le marché du travail est porteur dans votre profession, le changement d'entreprise est à examiner de près.

Votre aversion pour le risque et votre capacité à en supporter les conséquences

Si vos bilans vous amènent à envisager un changement d'entreprise, il vous reste à consulter votre aversion pour le risque, c'est à dire l'état émotionnel dans lequel vous met un risque pris.. Si cette aversion est forte, re-réfléchissez. Si elle est faible... préparez-vous !

Ceci étant, votre décision doit tenir compte d'un dernier élément, votre plus ou moins grande capacité à supporter les conséquences négatives d'un risque pris. Elle est subjective, nous venons de le voir. Elle est aussi en grande partie objective : si vous avez femme, enfants, un certain âge, etc., il est clair qu'il vous est plus difficile de supporter les conséquences négatives d'un risque pris, que si vous êtes jeune, célibataire, bien portant... beau et riche.

De toutes façons, préparez-vous au changement

Si votre décision est de rester dans l'entreprise qui vous emploie actuellement, vous pouvez cependant préparer un départ à long terme, même s'il ne se réalise jamais. Vous vous prémunirez alors contre une modification de conjoncture et éviterez ainsi un changement en catastrophe.

Une telle préparation peut porter sur deux points. Une meilleure connaissance de ce marché, et de certains de ses créneaux. Une amélioration du produit que vous représentez, les deux étant liés. En effet si vous pensez que dans votre métier, il y a ou il y aura des possibilités à l'international, et que votre pratique des langues soit un peu limitée, votre préparation pourra porter sur un renforcement de cette pratique. Vous pourrez aussi tenter d'élargir vos compétences en changeant de poste dans votre entreprise. Une carrière se prépare de loin !

Préparez votre changement d'entreprise

Le sujet est vaste et nous ne l'aborderons que sous forme de conseils suggérés par l'expérience. Pour approfondir tel ou tel point, consultez des ouvrages spécialisés.

Ciblez votre communication

Pour changer d'entreprise, vous allez entrer en contact avec de nombreuses personnes. Éventuellement pour vous aider. Essentiellement pour convaincre que vous valez la peine d'être recruté dans le poste de votre choix.

Or toute communication efficace doit être ciblée, c'est-à-dire orientée vers la psychologie de la personne avec laquelle on communique. Imaginez la psychologie de votre interlocuteur comme une cible de tir. Si vous dites des choses qui touchent le cœur de la cible, vous aurez la meilleure note. Si vous ne touchez que la périphérie, vous n'obtiendrez qu'un intérêt poli vite effacé.

Les fantasmes sont au centre de cette cible, donc au cœur de la psychologie. Ce sont des sortes de scénarios inconscients qui gouvernent une bonne part de notre affectivité. Ce sont les fantasmes de pouvoir, de séduction, d'amour, éventuellement de toute puissance Bien que très généraux, ces fantasmes ne sont pas les mêmes pour chacun. L'un sera obsédé par le pouvoir et le besoin de faire plier les autres. Un autre ne sera heureux que s'il peut séduire. D'autres même, demanderont à être séduits

Si, d'une façon ou d'une autre, on peut cibler son message sur les fantasmes propres à son interlocuteur, on s'assure d'une efficacité maximum. Par exemple, si vous êtes jeune et votre interlocuteur âgé, il pourra vous fantasmer comme un de ses enfants. En échange de votre obéissance, il vous accordera son aide. Si à l'inverse, votre recruteur est plus jeune que vous, il pourra vous fantasmer comme son père, avec ce que cela peut comporter de soumission, mais aussi de révolte. Si objectifs que soient ou veulent être les recruteurs, ceci ne sera pas sans influence sur leur perception et donc leur décision.

L'affectivité est un peu moins centrale. C'est tout ce qui concerne nos sentiments, amour, envie, haine, mais aussi goûts et dégoûts, plaisirs et déplaisirs.

L'affectivité est très personnalisée : certains aiment des choses qui en dégoûtent d'autres. Le ciblage doit donc être précis sauf à obtenir des résultats inverses de ceux recherchés. Vous serez d'autant plus convaincant que vos choix affectifs seront proches de ceux de votre interlocuteur, ou tout au moins paraîtront tels.

La socialité, c'est tout ce qui concerne la comparaison avec autrui et la reconnaissance par autrui. C'est aussi le désir de chacun d'être « un peu plus égal que les autres ».

La socialité est très générale et à des degrés divers, tout le monde en est tributaire. Le ciblage peut donc être moins précis. La politesse et aussi la flatterie sont centrées sur la socialité. Un rien d'admiration vis-à-vis de votre interlocuteur sera presque toujours efficace.

L'intellectuel. Les arguments qui s'adressent à l'intelligence sont évidemment importants, mais dans beaucoup de situations, ils ne sont pas les plus convaincants. Cependant, dans le recrutement, situation qui se veut objective, ils sont plus importants que dans des situations non professionnelles.

Dans une situation de recrutement, vous devez cibler à la fois vers l'entreprise, c'est-à-dire vers l'homme d'entreprise qui est en face de vous et vers le même homme en tant qu'individu spécifique. Les arguments intellectuels (les diplômes, les compétences) iront vers l'homme d'entreprise et les arguments plus affectifs (les communautés de goûts, d'intérêts, de valeurs…) vers l'individu spécifique.

Dans bien des cas, en effet, la décision, le choix ultime entre candidats de même valeur et de même profil, se fait sur des éléments affectifs, même si évidemment, cela n'est pas avoué.

Ayez un projet professionnel

Le projet réel

C'est à la fois une des modes de notre époque et une nécessité en ce sens que seul un projet à long terme peut orienter efficacement le court terme et qu'un collaborateur sera d'autant plus efficace dans un poste donné que ce poste aura du sens pour lui. Mais il y a aussi quelque abus dans ce domaine, un jeune de 18 ans ou une caissière de supermarché n'ayant pas obligatoirement un projet professionnel précis et développé. De plus, un projet professionnel c'est un plan à 10 ans. Et quelle est l'entreprise qui a un plan à dix ans ? Trois ou cinq ans sont plutôt la règle dans ce domaine.

Vis-à-vis d'un recruteur, un projet professionnel c'est la capacité à dire : voilà ce que je souhaite comme poste actuel pour aboutir dans cinq ou dix ans à tel autre poste.

Cela signifie pour lui plusieurs choses. La première est que vous êtes motivé pour le poste auquel vous postulez. La seconde est que vous savez ce que vous voulez. La troisième est que vous êtes capable de vues à long terme, ce qu'apprécie l'entreprise au moins pour certains postes.

Dans un choix de carrière, deux aspects sont à considérer en priorité : l'expression de son désir et le réalisme de l'objectif qui en découle.

Le DESIR.

Il est souhaitable qu'il soit le plus authentique possible, car le choix d'un métier, d'une carrière, d'un poste, engagent pour longtemps, même si la mobilité est plus grande qu'autrefois. Quelques écueils classiques doivent être évités.

Pour les plus jeunes, obéir à un désir familial même si l'on a plus ou moins intériorisé, c'est-à-dire fait sien ce désir. Obéir à une mode connue comme telle ce qui obérera l'authenticité personnelle de votre choix.

Pour les autres, un choix plus fait sur des considérations sociales : faire comme des amis ou comme le conjoint le souhaite. Choisir plus un titre qu'un poste. Choisir le court terme plutôt qu'un poste à évolution intéressante. Choisir un secteur prestigieux, même s'il est en perte de vitesse.

La REALITE.

Choisir une carrière, un métier, un poste c'est faire coïncider deux réalités :.

- la vôtre, c'est-à-dire celle de vos diplômes, compétences, expériences, savoir-faire, carnet d'adresses, etc.

- et celle des entreprises ou d'autres organisations. Être réaliste dans les deux cas n'est pas du même ordre.

Dans un cas, il s'agit d'une connaissance de soi. Le sujet est proche si la connaissance est difficile.

Dans l'autre cas, celui des entreprises, la connaissance ne pose aucun problème de méthode, mais demande beaucoup de temps, d'énergie et de persévérance pour atteindre une connaissance utilisable.

Le projet avoué

Projet réel et projet avoué ne coïncident pas obligatoirement. Si votre projet professionnel passe par de nombreuses expériences diversifiées et donc par un certain nombre d'entreprises, votre projet devra être discret sur ce point, car la plupart des entreprises n'aiment pas trop recruter des étoiles filantes. Un recrutement coûte cher et une formation aussi. Le projet avoué devra donc davantage tenir compte du projet de l'entreprise sur vous que de votre projet réel qui, à la limite, ne regarde que vous.

Ayez une lettre de candidature motivante

La lettre de candidature peut être envoyée :

    lors d'une réponse à une petite annonce ;

    lors d'une candidature spontanée ;

    comme   confirmation   de   conversation téléphonique ;

    à la suite d'une démarche faite par un membre de votre entourage.

Dans nombre de cas, c'est le premier message que l'entreprise recevra de vous. Vous y joindrez votre C.V. Certaines entreprises regarderont d'abord le C.V. et si celui-ci correspond exactement à leur recherche, ils ne liront votre courrier que rapidement. En revanche, si vous ne présentez pas une compétence   pointue,   immédiatement   utilisable   et correspondant à un besoin pressant, la lettre de candidature prendra toute son importance, car elle permettra de mieux cerner votre potentiel, vos motivations, votre personnalité, etc.

La lettre de candidature doit parler de vous, mais en relation avec l'entreprise concernée. Il faut donc montrer, non seulement de ce que vous êtes, mais votre intérêt pour cette entreprise là, celle-là et non une autre. Il vous faudra donc, dans la plupart des cas, rechercher une information fiable dont vous puissiez faire état et qui justifiera votre intérêt.

Cependant ce qui intéresse l'entreprise ce sont ses besoins à elle. Il ne suffit pas de montrer de l'intérêt pour elle, mais de démontrer qu'elle a intérêt à aller plus loin avec vous. Il s'agit de démontrer et non d'affirmer. C'est pourquoi nous ne sommes pas d'accord avec la phrase suivante d'une lettre de candidature spontanée piquée d'un modèle diffusé sur Internet. *« Rencontrons-nous et voyons ce que nous pouvons mutuellement nous apporter. »* C'est le prendre sur un pied d'égalité avec le recruteur. A moins d'un profil tout à fait exceptionnel, cela risque d'en agacer plus d'un.

C'est donc là que vous devez développer certaines rubriques du C.V., en donnant des informations sur les résultats que vous avez obtenus dans les postes précédents, même si pour les débutants, il s'agit de stages ou de CDD. Soyez précis, donnez des chiffres : tel résultat, obtenu avec tels moyens, dans tel délai.

Faites l'effort de rédiger une lettre particulière pour chaque entreprise. Cela vous amènera à être beaucoup plus centré dans votre argumentation.

Laissez quelques points ouverts pour montrer l'intérêt à vous accorder un entretien où vous pourrez les développer.

Dans certains cas, vous pouvez envoyer une lettre de candidature déguisée, par exemple en demande de conseil. Se recommandant d'une relation commune, un candidat écrit, par exemple : *« M. X. m'a parlé de votre connaissance approfondie des industries de... Soyez assuré que je ne m'attends pas à ce que vous connaissiez des emplois disponibles. Je serais simplement très heureux de profiter de vos conseils afin de vérifier le bien fondé de mon projet professionnel. »* Si le recruteur a confiance dans la relation commune, il pourra vous recevoir. A vous de jouer alors pour aller plus loin.

Ayez un C V convaincant

Pensez votre C V

Le CV est la pièce fondamentale de votre communication avec le marché du travail, car il va être utilisé dans toutes vos démarches. Comme tel, il mérite tous vos soins. "*Cent fois sur le métier remettez votre ouvrage, polissez le sans cesse et le repolissez*", conseillait Boileau aux poètes. Il en est exactement de même pour le CV.

Avant de rédiger votre CV, commencez par rassembler une banque de données sur vous. Elle sera plus ou moins importante suivant les cas. L'idéal serait qu'elle soit presque exhaustive vous concernant : essayez de noter le maximum de choses. Cette banque de données a deux raisons d'être :

- la première qui sera de ne rien oublier d'important lors de la rédaction du CV.

- la seconde, c'est que cela vous permettra de rédiger plusieurs sortes de CV en fonction de différents types d'entreprises ou d'interlocuteurs.

Une fois constituée votre banque de données, vous pourrez rédiger votre CV de base, celui que vous emploierez à défaut, c'est-à-dire lorsque vous manquez d'information sur le recruteur. Ce CV de base évitera d'être trop original et de mettre en avant des caractéristiques qui pourraient ne pas plaire à tout le monde. Quand il est devenu "solide" c'est-à-dire qu'il a été critiqué et qu'il a subi l'épreuve du feu, n'y touchez plus. Il vaut mieux consacrer votre énergie à le défendre. Il va de soi que, régulièrement, il faut le mettre à jour. Cette mise à jour concernera vos diplômes, votre expérience, vos nouveaux postes, etc. Elle concernera aussi le vocabulaire de façon qu'il soit dans l'esprit du temps. Aujourd'hui, vous y glisserez un *e-quelquechose* ou un *quelquechose.com*, totalement inconnus il y a quelques années.

Ensuite, déclinez votre CV. Votre vie professionnelle, vos compétences peuvent être vues sous différents angles. Certains de ces angles seront plus proches des préoccupations de tel ou tel recruteur.

Rédigez votre C V

La qualité principale d'un CV est de donner à un recruteur envie d'aller plus loin avec vous. Il doit aussi donner suffisamment d'informations pour que si cette suite ne peut être immédiate, votre CV puisse rester utilisable par le recruteur quelques mois après. Il doit se suffire à lui-même pour que sa transmission (d'un recruteur à un autre, par exemple d'un cabinet à une entreprise) se fasse sans problème et ne nécessite pas une note d'accompagnement.

Le CV doit être court, une page dans la majorité des cas, éventuellement deux si vous avez une longue expérience diversifiée. C'est une carte de visite, guère plus.

Il doit obéir à un principe d'organisation clair et unique. Ce principe peut être :

fonctionnel, c'est-à-dire que vous nommez les différentes fonctions que vous avez occupées. Ceci peut être intéressant dans le cas d'un double métier ou de deux périodes tranchées de votre vie.

chronologique. C'est le cas le plus fréquent. Vous pouvez choisir soit la chronologie vraie : du début à la fin ou la chronologie inverse : du poste actuel en remontant vers le début de votre carrière. Le choix entre ces deux dernières méthodes ne doit pas être laissé au hasard. Mettez en premier ce qui compte le plus. Si vous sortez d'une grande école sans avoir fait ensuite d'étincelles, prenez une chronologie directe. Si vous êtes autodidacte mais terminez Directeur dans une société connue, commencez par ce point là.

Il ne comporte pas de "trous". Il ne doit oublier aucune période de votre vie professionnelle même si certaines périodes sont moins brillantes que d'autres. Utilisez l'art du maquillage, mais de façon telle que vous puissiez toujours justifier ce qui est écrit sans rougir ou vous troubler ! Évitez les justifications d'ordre psychologique qui pourraient laisser entendre que vous avez des faiblesses de caractère. Par exemple, il est rare que quelqu'un divorce sans quelques difficultés psychologiques qui retentissent plus ou moins sur sa vie professionnelle. Mais cela ne se dit pas, car un bon collaborateur doit être capable de faire face à des difficultés personnelles sans que son travail en souffre !

Il est clair. Évitez d'utiliser abusivement le jargon de métier. Un ou deux termes servant de clin d'œil aux spécialistes seront bien suffisants. Les autres pourraient être agacés, sans être impressionnés.

Il est centré sur l'action. Utilisez un vocabulaire d'action centré sur les objectifs réalisés.

N'écrivez pas : telles dates - responsable de telle chose, mais : telles dates - responsable de..., augmenté le CA de x % ou porté tel ratio de tant à tant…

Il est progressif. Le cas le plus usuel dans une carrière est sa progression : les postes sont de plus en plus élevés ou à tout le moins, les responsabilités sont de plus en plus étendues. Votre CV doit montrer la même progression : il faut insister sur les éléments récents. Ce qui veut dire concrètement que les postes récents doivent occuper plus de place (plus de lignes) !

Les rubriques du CV

Le CV doit comporter (au moins) cinq rubriques :

LA FICHE D'IDENTITÉ

Elle comprend :.

les nom et prénom ;

la date de naissance ce qui évite d'actualiser chaque année ;

l'état matrimonial si cela a de l'importance (on s'expatrie plus difficilement quand on a quatre enfants que lorsqu'on est célibataire.);

la nationalité ou les modalités de votre séjour : carte de 10 ans, etc.

adresse, n° de téléphone, n° de télécopie, e-mail, si vous en avez un....

LE OU LES DIPLÔMES

Ne mettez que le diplôme le plus important dans chaque catégorie : si vous avez une maîtrise, c'est que vous avez une licence, inutile de le préciser. Si vous êtes chef de clinique, c'est que vous êtes médecin, etc..

Si c'est le cas, précisez bien une double formation. Cela a de plus en plus d'importance.

Pour les langues pratiquées, indiquez le niveau de votre connaissance. Si vous baragouinez l'espagnol, inutile de le dire, mais si vous avez une petite connaissance ou pratique du japonais ou du mandarin, notez-le.

LES FONCTIONS OCCUPÉES

C'est le point central du CV, puisque celui-ci par définition, c'est le déroulement de votre carrière. Pour chacune de ces fonctions, centrez-vous sur les objectifs et sur les résultats obtenus : augmentation du CA, de la marge bénéficiaire, de tel ou tel ratio. A défaut de chiffres, donnez des résultats qualitatifs : amélioration du climat, de la motivation, diminution du turn-over...

Le dernier poste occupé, qui en principe définit le mieux votre compétence actuelle, sera plus développé que les autres. Si votre carrière est déjà longue, les premiers postes seront simplement mentionnés.

LA FONCTION RECHERCHÉE

Rédigez en termes généraux, les mêmes fonctions pouvant être décrites en termes différents selon les entreprises. Suivant les cas, c'est-à-dire soit votre propre stratégie de carrière, soit l'entreprise à laquelle vous vous adressez, insistez sur la continuité (avec une augmentation des responsabilités), soit sur la rupture : nouvelles technologies, nouvelles méthodes, éventuellement nouveau métier.

LE DIVERS

Comporte le plus souvent les sports, loisirs, activités culturelles, etc. Difficile d'en parler, vu sa diversité !

Une règle cependant : il **doit être ciblé, c'est-à-dire valorisant** du point de vue de votre interlocuteur. C'est donc l'une des rubriques où votre CV peut ou doit être différent selon l'interlocuteur ou l'entreprise. Exemple : si vous êtes officier de réserve, cela impressionnera favorablement une entreprise traditionnelle pour un poste d'autorité. Mais d'autres, et qui ne seront pas forcément antimilitaristes, imagineront peut-être un rien de rigidité. Réfléchissez donc assez longuement avant de faire état d'activités ou de connaissances, que vous ou votre milieu social valorisent, mais qui ne seront pas obligatoirement valorisés par tel ou tel recruteur. Dans le doute abstenez-vous ou tenez-vous en à ce qui est à la mode.

Les étudiants, peut-être par besoin de gonfler un CV qui leur paraît mince, accordent généralement quelques lignes à des sports devenus très banaux (sports de glisse...) ou à des activités culturelles non moins banales (lecture...) ou des activités qui signalent simplement que papa a un peu d'argent (voyages...). Soyez sévère vis-à-vis de vous. N'indiquez que des activités qui indiquent des composantes de votre personnalité en rapport avec le poste recherché. Ou alors, il faut être franchement au-dessus du lot : médailles sportives, activités rares et originales. Sinon, abstenez-vous.

Vos éventuelles connaissances en micro-informatique peuvent être signalées car elles ont un intérêt professionnel, mais soyez précis : *Linux* n'est pas *Windows* et un tableur n'est pas un logiciel de mise en page. Si vous avez créé un site Internet, c'est le moment de le faire visiter !

La forme du C V

Le CV doit être :

 - clair. Il doit être visité et apprécié d'un seul coup d'œil.

 - concis. C'est une carte de visite, sans plus.

 - dactylographié. C'est une politesse et cela évite que les graphologues ne fantasment.

 - rédigé sur papier 21*29.7 de bonne qualité courante, sans plus ;

 - exempt de fautes d'orthographes ou de grammaire ;

 - relu par des personnes de bon conseil ;

 - sobre. Italique, gras et normal sont bien suffisants. Laissez le <u>souligné</u> à votre lecteur. Évitez les typographies ou les mises en page fantaisistes. Les marges pourront être 3,5 cm à gauche, 2,5 en haut, 3 cm à droite et 3 cm en bas. La marge de gauche, plus importante est là pour inciter votre lecteur à y mettre le "à convoquer" que vous espérez. Mais recherchez la petite pointe d'originalité, qui vous distinguera des autres.

Les P. J.

Ne joignez de photo que si elle est demandée. Investissez dans la qualité de la photo, si vous le pouvez. Faites vous photographier dans le même type de tenue que celui que vous aurez lors de l'entretien : classique ! Évitez les tenues "fantaisie", les décolletés profonds, les coiffures peu soignées...

Quant aux prétentions salariales, n'en faites pas état dans votre CV, celui-ci étant relativement général. Si les prétentions sont demandées, comme dans certaines annonces, indiquez un chiffre (votre plafond) dans la lettre explicitant votre candidature.

Préparez vos entretiens de recrutement

Qui est en face de vous ?

Lors d'un recrutement, on rencontre deux sortes d'interlocuteurs : des professionnels du recrutement, généralement membres de la Direction des ressources humaines, parfois de cabinets conseils extérieurs, et des fonctionnels, généralement les hiérarchiques du futur poste. Les membres de ces deux catégories sont assez différents. Les premiers sont des professionnels du recrutement. Ils recrutent beaucoup et ont des instruments d'évaluation plus ou moins sophistiqués. Avec eux le maquillage est difficile, car ils ont l'habitude de décortiquer non seulement les carrières, mais aussi les personnalités. Par ailleurs, ils ne vous reverront plus ou fort peu par la suite. Que vous leurs soyez ou non sympathique a donc fort peu d'importance, du moment que votre profil convient au poste.

Il faut aussi faire un sort particulier à tout ce qui est psychologue ou apparenté. Comme tous ceux dont la compétence n'est pas universellement reconnue, ils sont souvent rigides. Leur métier les amène aussi à être soupçonneux. Enfin, ils sont capables de tirer des conséquences fracassantes d'indices fort légers. Sans être fermé, ce qu'ils n'apprécieraient pas, soyez prudents et ne vous épanchez pas. C'est un recrutement, pas une thérapie.

La relation avec vos futurs hiérarchiques peut être différente. Vous travaillerez avec eux et eux avec vous. Tout ce qui est sympathie est alors important. Vous avez alors intérêt à faire ressortir tout ce qui commun entre vous, de compétences, de goûts, d'intérêts, etc.

La préparation.

Les objectifs de l'entretien

L'entretien de recrutement a un double objectif :

donner sur soi une information convaincante destinée à obtenir un recrutement immédiat, ou à tout le moins une seconde entrevue ;

recueillir une information fiable sur le poste et sur l'entreprise pour savoir si ceux-ci correspondent bien à ce que l'on désire.

Il s'agit donc d'un échange d'informations, mais dans un contexte de rapport de forces inégal. Plus ou moins inégal selon les cas : compétence, âge, marché du travail, etc..

Cette inégalité fait parfois oublier le second objectif, le premier, convaincre, aveuglant sur tout le reste. Quelque soit la situation, le second objectif, recueillir de l'information, doit être présent et ... préparé.

Ces deux parties de l'entretien de recrutement, ayant des objectifs très différents, doivent obéir à des règles différentes.

1° Soyez convaincant

Un entretien de recrutement est fait pour convaincre .... au moins de vous convoquer à un autre entretien ou à un entretien avec une autre personne de l'entreprise.

Cette conviction, à faire naître chez autrui, dépend d'un certain nombre de facteurs et particulièrement de votre compréhension de la question et évidemment de la réponse que vous y faites.

L' ANALYSE DES QUESTIONS

1 L'environnement idéologique.

Nous prenons ici l'idéologie au sens d'un ensemble d'idées dominant. Il y a un million d'entreprises en France et 200 cabinets de recrutement dans le seul Paris. C'est dire l'éventuelle hétérogénéité qui règne dans le recrutement. Cependant, à part le secteur mutualiste, l'entreprise privée prône un certain nombre de valeurs qui lui donnent une relative homogénéité.

Particulièrement, dans le cas du recrutement, les entreprises privées recherchent un type de personnalité assez précis (indépendamment des compétences strictement techniques).

Ce type de personnalité peut être défini approximativement par :

l'équilibre, c'est à dire à la fois la capacité à ne pas tomber dans des excès et la capacité à ne pas se laisser abattre par l'échec ;

la capacité à prendre des décisions ;

la capacité à prendre des risques mais pas des risques inconsidérés ;

la capacité à s'intégrer dans des équipes ;

la capacité à commander ou à motiver des collaborateurs ou à être leur leader (la formulation peut différer, mais tout ce qu'on demande c'est que les troupes suivent.) ;

la capacité à gérer c'est à dire ramené à l'essentiel, tenir les coûts et dégager une plus value ;

le sentiment que l'entreprise privée est le « meilleur des mondes » possible, malgré quelques défauts aisément corrigibles ;

l'idée que tout doit être organisé pour la création de valeur, c'est à dire pour le plus grand profit des actionnaires de l'entreprise.

Si vous êtes pénétré des qualités que vous devez avoir, il vous sera plus facile de deviner dans quel sens orienter vos réponses.

2. Les types de questions.

Les recruteurs non professionnels ont beaucoup de mal à formuler des questions neutres c'est à dire qui n'orientent pas les réponses. D'ailleurs les spécialistes des questionnaires se donnent beaucoup de mal pour trouver de telles questions.

Soyez donc sensible à la forme des questions.

Sans aller jusqu'à :

Ne pensez-vous pas comme moi... qui appelle évidemment un : *je pense comme vous que...,* bien des questions, de par leur forme, induisent des réponses positives ou négatives. Ceci se marque particulièrement par la coloration positive ou négative des verbes et des adjectifs employés.

Exemple :.

Si l'on dit de quelqu'un qui ne fume que quelques cigarettes par jour, qu'il n'est pas un *vrai* fumeur, l'on valorise le *vrai* fumeur comme un *grand* fumeur. L'on pourrait dire aussi qu'il sait contrôler sa consommation de tabac, ce qui sous-entend à l'inverse que le *vrai* fumeur fume *peu.*

Certaines questions sont purement factuelles :"*Quel âge avez-vous ?* " L'interprétation en est évidente.

D'autres sont descriptives :"*Parlez-moi un peu de vous* ". Vous direz certaines choses et vous en tairez (volontairement ou non) d'autres. L'interprétation se fera par rapport à ce que vous direz **et par rapport à ce que vous ne direz pas**. C'est ce que les psychologues appellent le **non dit** et qu'ils se font fort d'interpréter [1]. Vous devez donc surveiller à la fois ce que

---

1

Les psychologues considèrent que dans un contexte donné (p. ex. une question posée dans une situation donnée), certaines choses doivent normalement être dites. Au cas où ces éléments attendus ne sont pas donnés, on considère qu'ils ne le sont pas parce qu'ils sont l'objet d'un refoulement du conscient vers l'inconscient. On pense aussi que les éléments objets de

vous dites et ce que vous écartez.

Enfin d'autres questions sont projectives. On ne vous demande pas de parler de vous directement, mais on suppose que vous allez révéler une partie de votre personnalité en parlant d'un autre sujet. Exemple : « *Quel est votre grand homme préféré ?* » On suppose que vous n'allez pas le prendre au hasard, mais en fonction de vos préférences en tout genre ! Votre réponse sera interprétée en termes de votre personnalité

LES TYPES DE RÉPONSES

Toutes les questions n'appellent pas le même type de réponse.

Réponses factuelles

Les questions purement factuelles appellent des réponses vraies et précises. Il serait absurde de bluffer sur son âge ou ses diplômes, la vérité éclaterait un jour et vous passeriez pour quelqu'un de malhonnête. Soyez bref. Un fait est un fait et n'appelle pas des commentaires embrouillés.

Réponses plus ou moins factuelles

D'autres questions apparemment factuelles peuvent supporter des réponses améliorées. Il n'est pas nécessaire d'avoir lu en entier tel ou tel livre pour donner son sentiment à son propos. L'amélioration doit être cependant légère pour ne pas être découverte.

Réponses attendues

---

refoulement le sont parce qu'ils sont particulièrement importants. C'est dire que certains psychologues pensent que le non-dit est plus important que ce qui est dit. Qu'ils aient tort ou raison est de peu d'importance, car dans ce domaine "*ce que les gens croient vrai est vrai dans ses conséquences*". Il y a suffisamment de psychologues dans les services de recrutement pour en tenir   compte.

« *Parlez-moi du dernier livre que vous avez lu.* » C'est plutôt une question pour étudiant postulant pour un premier poste et une question de psychologue. La réponse, là aussi doit être préparée de longue date et il faut oublier le « policier » que vous lisiez en venant à cet entretien. Il faut donner l'auteur que l'on attend qu'un individu comme vous soit en train de lire. Donc, ni trop ni trop peu. Si c'est trop, vous apparaîtriez comme surdimensionné pour le poste. Si c'est trop peu, comme inculte et sans ouverture d'esprit.

Réponses ciblées sur votre image

Les questions plus ou moins projectives doivent amener des réponses totalement ciblées. Il est inutile de dire ce que l'on pense, ou ce que l'on a fait : il faut dire ce qui pourra donner de vous l'image que vous voulez que l'on ait de vous.

Exemple : « *Avez-vous eu quelque difficulté pour vous rendre ici ?* » Si l'entreprise se trouve dans un centre ville, on ne vous posera évidemment pas la question. Mais si elle se trouve dans une zone industrielle, elle peut être un bon test. Il va de soi que vous n'avez eu aucune difficulté particulière car vous êtes prévoyant et organisé. Donc vous vous étiez renseigné. Donc vous aviez prévu le temps nécessaire. Donc … Et cela quelques soient les difficultés réelles rencontrées.

Autre exemple : « *Quel est le personnage historique que vous admirez le plus ?* » La réponse ne doit pas être laissée à l'inspiration du moment. Il faut y avoir réfléchi auparavant et avoir choisi un personnage incontestable. Et l'on justifiera ce choix par des raisons qui intéressent l'entreprise : sens des responsabilités, décision, capacité à prendre des risques, capacités à motiver autrui, etc.

Réponses ciblées sur l'interlocuteur

Il s'agit de lui donner la réponse qu'il donnerait lui-même. « *A votre avis, qu'est-ce qu'un bon management ?* » Il y a beaucoup de définitions possibles et passablement contradictoires. Il faut choisir celle dont on pense qu'elle plaira. A défaut de la connaissance de votre interlocuteur, vous **devez** connaître suffisamment la culture d'entreprise de **cette** entreprise pour donner un réponse qui ne soit pas en totale contradiction avec elle. A défaut, banalités balancées, vous n'êtes pas là pour refaire le monde !

Réponses balancées

Beaucoup de réponses à des questions difficiles : vos qualité ou vos défauts, ce que vous pensez de la parité politique entre femmes et hommes, etc., doivent être balancées, c'est à dire qu'elles doivent comporter du pour et un peu de contre. Ce pour et ce contre doivent donner l'impression que vous avez réfléchi à tous ces problèmes ET que la solution est difficile, ET que, etc.

Exemple : « *Avez-vous confiance en vous ?* » OUI, évidemment, MAIS pas au point de prendre des risques inconsidérés ou de penser que vous avez toujours raison

Ici, le pour et le contre doivent donner l'impression que vous n'êtes pas tout d'une pièce et que, une fois de plus, vous êtes équilibré.

Réponses renversées

Question : « *Quel est votre défaut principal ?* » Il est évidemment hors de question de dire la vérité. Il est également hors de question de mentir grossièrement. Mais évidemment, vous pouvez faire un choix parmi vos (rares) défauts. Et surtout, vous pouvez renverser un défaut en qualité. Par exemple si vous répondez : « *Je fais trop confiance à l'honnêteté des gens de mon entourage* », cela laisse entendre qu'étant vous-même très honnête, vous pensez que tout le monde est également honnête. Même si l'on vous trouve un peu naïf, il sera difficile de vous le reprocher dans la plupart des postes auxquels vous pouvez prétendre. (Attention , pas tous !)

Réponses déplacées

Exemple : « *Êtes-vous un vendeur ?* » La question ne peut être posée qu'à ceux qui ne sont pas du métier. Il faut donc prendre « vendre » au sens large. Par exemple, vous savez « vendre » des idées à vos collaborateurs, vous savez « vendre » un projet à votre supérieur. Cherchez dans votre métier ou dans les responsabilités de votre poste, ce qui est homologue de « vendre » et répondez sur ce point.

Autre exemple : « *Qu'est-ce que vous ne supportez pas chez vos collaborateurs ?* » Il ne faut évidemment pas donner la réponse évidente : des tas de choses. Vous donneriez une image négative. Les plus simple est de déplacer vers le supérieur. Vous pensez que les collaborateurs, sauf exception, valent ce que valent le supérieur et sa capacité à motiver et que vous, vous savez motiver !

Réponses " équi-probabilistes "²

C'est une variété des réponses balancées qui laisse entendre que certes une chose est probable mais que son contraire est

2

Au XVII° s., les jésuites, dans leur stratégie de conquête des gens puissants, avaient mis au point une morale à l'usage des gens du monde qui les disculpaient d'à peu près tous les péchés possibles. Un des points permettant ce tour de passe-passe consistait à considérer que si une opinion était probable : par exemple que les riches doivent donner aux pauvres une partie de leur superflu, l'opinion contraire et donc qu'ils pouvaient garder ce superflu, était également probable, c'est à dire défendable. Dans ses Provinciales le mathématicien et philosophe Blaise Pascal se moque de cette " dialectique " et en démontre le mécanisme. Mais si ce mécanisme a été si utilisé, c'est qu'il était bien commode !

également probable. Il ne s'agit pas d'un jeu de mots mais d'un jeu psychologique, qui joue sur l'ambivalence de beaucoup d'individus, c'est à dire sur le fait qu'ils désirent et en même temps craignent la même chose. Affirmer qu'une chose est probable mais son contraire également peut donc utiliser cette ambivalence.

« *Lorsque vous prenez un nouveau poste, combien de temps passez-vous à vous informer avant d'agir ?* » On connaît la réponse d'un célèbre comique : »*Un certain temps !* » Vous êtes à la fois un homme de réflexion et d'action, évidemment. Chez vous, l'un n'occulte pas l'autre. Donc vous vous informez le temps nécessaire, et rien de plus. Ne donnez surtout pas de chiffre.

Réponses dilatoires.

Certaines questions parce que trop délicates ou personnelles peuvent supporter des réponses dilatoires, c'est à dire que vous ne répondez pas vraiment à la question.

Ces réponses peuvent :.

élargir tellement le débat que vous répondez par une généralité qui ne vous engage pas. Exemple : l'on vous parle de votre fils et vous répondez : les jeunes.

rétrécir le débat : l'on vous parle des jeunes et vous répondez : mon fils.

esquiver la question en répondant légèrement à côté. Passer par exemple à l'aspect économique si l'on vous parle d'un aspect humain ou l'inverse.

N'ayez évidemment pas l'air d'esquiver, mais par mûre réflexion, de choisir tel ou tel point de vue dans la question si riche, si complexe et si profonde de votre interlocuteur..

AYEZ UNE STRATÉGIE D'ENTRETIEN.

Un entretien n'est pas un échange désordonné. Si le recruteur donne une impression de désordre, il est fort probable que cela est dû à une volonté de sa part de tenter de vous surprendre.

Quant à vous, il est préférable de ne pas donner cette impression de désordre.

Mais au-delà d'un certain ordre, il est nécessaire que vous ayez une stratégie. Cette stratégie doit comprendre :.

- *un message clair.* Vous ne pouvez apparaître à la fois comme manuel et intellectuel, personne d'action et personne de réflexion, aimant le commandement et n'aimant pas le pouvoir. Non point que tout cela soit totalement contradictoire, mais votre message risque d'être brouillé si vous ne faites des choix dès le départ qui conditionneront au moins la forme de vos réponses.

Trop de messages ou des messages trop différents et surtout des messages contradictoires troublent la communication et donc votre interlocuteur. Pour celui-ci, étant donnée la difficulté d'une opération de recrutement et la possibilité de donner la préférence à d'autres candidats, il s'en tiendra à la maxime : *dans le doute, abstiens-toi !.*Tenez-vous en donc à un message facile à décoder.

- *un message ciblé.* Cibler c'est tenir compte de la mentalité de l'interlocuteur, celui-là et pas un autre. Pour cibler, une seule possibilité, écouter l'autre, comprendre d'où il parle et ainsi adapter ses réponses.

- *une vue globale de l'entretien,* de l'interaction avec votre interlocuteur. Il s'agit de ne pas se laisser prendre à des détails, de ne pas se laisser déconcentrer par une question un peu agressive, une réponse dont on sent soi-même qu'elle n'est pas heureuse.

- *des réponses cohérentes.* Si vous avouez un défaut, il doit se retrouver d'un bout à l'autre de l'entretien. A plus forte raison s'il s'agit d'une qualité.

- *des réponses factuelles.* L'enfer est pavé de bonnes

intentions et les entreprises s'en méfient à juste titre. Elles veulent des faits, des chiffres, des méthodes.

des faits concernant vos activités ;

des chiffres concernant le résultat de ces activités ;

des méthodes à propos des activités à entreprendre dans votre nouveau poste.

- *un équilibre entre les réponses*. Personne n'est parfait. N'essayez pas de passer pour surhomme, personne ne vous croirait. Et si vous êtes vraiment exceptionnel, cela peut faire peur. Sauf exception (major d'une école ou d'une promotion), soyez au-dessus de la moyenne mais pas beaucoup plus.

- *un ton aimable*. La correction grammaticale est relativement secondaire, quoique à surveiller : vous n'êtes pas entre copains. C'est le ton qui est important. Surveillez le, qu'il ne soit ni agressif, ni désinvolte, ni grognon...D'ailleurs, vous avez une personnalité totalement équilibrée ! Et il faut que cela se voit.

2° *Recueillez de l'information*

Trois types d'information sont importants :.

- sur l'interlocuteur ;

- sur le poste ;

- sur l'entreprise.

SUR L'INTERLOCUTEUR.

Dès avant l'entretien, si vous avez des relations communes ou si quelqu'un (p. ex. un ancien élève de votre école qui travaille dans cette entreprise) peut vous donner une information utilisable.

Dès avant l'entretien en faisant attention à l'accueil que l'on vous fait, aux attitudes de la réception, de la secrétaire, des personnes rencontrées, etc..

Dés le début de l'entretien en essayant de faire parler votre interlocuteur. Bien des gens aiment parler et surtout parler d'eux. Il n'est évidemment pas question de renverser la situation : votre interlocuteur est en position de force et c'est lui qui mènera l'entretien et à sa guise ! Il faut cependant garder à l'esprit que toute information qui vous éclaire sur votre cible est intéressante. A tout le moins, écoutez-le attentivement en étant sensible à la fois au contenu de ce qui est dit, à sa forme (plus ou moins agressive, plus ou moins séductrice...) et à l'environnement, en particulier au non verbal

Tout au long de l'entretien en interprétant les différentes attitudes de votre interlocuteur pour adapter votre propos.

Tout ceci doit servir à **cibler votre message** sur la personnalité et les attentes de votre interlocuteur.

SUR LE POSTE.

On vous parlera des avantages, moins des contraintes, encore moins des servitudes. Une entreprise sérieuse parlera des trois, au moins si vous questionnez ! Donc, questionnez ! Si votre interlocuteur est réticent, soyez prudent ! Il a peut-être quelque chose à cacher.

Questions sur le poste lui-même

Pourquoi ce recrutement ?

Si c'est une création de poste, il peut s'agir de combler un manque criant ou il s'agit de l'anticipation d'un développement. Cela n'a pas la même signification quant à la qualité du management de l'entreprise.

Si c'est un remplacement, il est bon de savoir si c'est à la suite d'une mise à la retraite, d'une promotion ou d'une démission. En effet, s'il s'agit d'une démission, ce peut être parce que le poste est difficile à tenir. Sans être indiscret, essayez d'en savoir plus.

L'intitulé du poste

Il donne une première indication. Mais il faut se méfier de certains intitulés pompeux qui ne correspondent pas à grand chose. Ceci étant, cela fait toujours bien une carte de visite, éventuellement utilisable par la suite !

La place dans l'organigramme

C'est un point clé. Vous savez ainsi de qui vous dépendez, de quelles ressources humaines vous disposez. Il marque votre niveau de responsabilité.

Description de fonction

Deuxième point clé, puisque c'est ce qui décrit et prescrit ce que vous aurez à faire. Vous verrez immédiatement si vos compétences sont adéquates.

Objectifs du poste

Ce sont les objectifs que l'on vous fixe à plus ou moins long terme. Vous pouvez souhaiter qu'ils soient renégociés dans quelques mois, quand vous aurez pris la mesure du poste et surtout des moyens que vous avez pour les atteindre.

Moyens d'action

Ce sont les moyens humains et budgétaires. Quelque soit votre désir d'obtenir le poste, soyez prudent sur ce point. Il est rare que les entreprises donnent autant de moyens qu'il serait souhaitable pour atteindre aisément les objectifs fixés. Sans renégocier ce point, éventuellement marquez quelque réserve, si vous êtes en positon de le faire, c'est à dire si l'entreprise paraît vraiment intéressée par votre profil.

Questions sur l'évolution du poste

Évolution prévisible dans les budgets, dans les responsabilités. Possibilité de formation.

Questions sur le avantages du poste

Ces questions portent sur les avantages offerts par l'entreprise en général et sur ceux du poste en particulier.

Quant à l'entreprise, ce sont tous les avantages sociaux :

avantages liés au salaire, 13° mois ou plus ;

congés payés ; RTT.

restaurant d'entreprise ;

crèche et vacances des enfants ;

indemnités de licenciement ;

modalités du calcul de la retraite ;

etc.

Quant au poste :

régime d'impôts (p. ex. V.R.P. ou non) ;

participation aux bénéfices de l'entreprise ;

possession d'actions ;

logement de fonction ;

voiture de fonction ;

étendue des frais professionnels ;

avantages divers.

Questions sur les contraintes du poste

Ces questions sont évidemment très liées au poste et il est difficile d'être général.

Les contraintes principales peuvent être :.

d'horaires ;

de servitude de disponibilité, de vacances ;

de déplacements, de voyages ;

de salissure, de fatigue auditive ou visuelle ;

etc.

SUR L'ENTREPRISE.

Beaucoup d'entreprises, surtout au niveau des petites annonces, se présentent parées des plumes du paon : nombre d'employés, chiffre d'affaires, croissance de ce chiffre, bénéfices. Les entreprises sérieuses disent vrai. La plupart des grandes, car elles recrutent beaucoup et tiennent à leur réputation, disent vrai aussi.

Un certain nombre de petites ou de start-up disent ce qu'elles croient ou imaginent vrai. Cela peut faire une certaine différence...

Par ailleurs, de nos jours, certaines « entreprises » sont de véritables arnaques ; leur stratégie consistant à exploiter le chômage ... ou le désir d'être rapidement millionnaire grâce à des stocks options qui ne sont que « des assignats ».

Les questions sont évidemment à moduler selon l'entreprise. Il serait presque impoli de poser de telles questions à propos d'entreprises qui défraient la chronique des pages spécialisées des journaux, que vous lisez évidemment.

Mais ces entreprises, si connues que vous devez les connaître, ont aussi beaucoup de filiales infiniment moins connues. La maison mère est une chose, les filiales, une autre. Chiffre d'affaires, taux de croissance, nombre d'employés ou des variables plus "pointues" si votre poste le justifie, sont des données importantes à connaître pour vérifier l'intérêt extrinsèque du poste proposé.

Les grandes entreprises, dont le recrutement est très professionnel, vous donneront ces données d'elles mêmes. D'autres y penseront moins. D'autres encore auront tendance à être assez discrets.

SACHEZ POSER DES QUESTIONS

Une bonne question doit être

- **concrète.** Vous êtes là pour recueillir des faits, des chiffres, etc. et non de vagues déclarations d'intention. Il faut donc que la forme même de vos questions induisent votre interlocuteur à être concret.

- **ciblée.** Si votre question est double, c'est à dire comporte en fait deux questions, il est probable que votre interlocuteur répondra à l'une mais pas aux deux. En faisant sa première réponse, il oubliera la deuxième question. Vous serez obligé de reposer votre question, et vous aurez l'air peu organisé, ou vous serez obligé de passer à autre chose et vous perdrez de l'information

- **univoque.** C'est à dire qu'elle ne puisse être interprétée que dans un seul sens, sinon, une fois de plus, votre interlocuteur répondra à l'un mais pas à l'autre.

- **opportune.** C'est à dire qu'elle est posée au bon moment. Ce bon moment peut-être simplement la suite logique de ce qui vient d'être dit. Ce peut être aussi en liaison avec ce que pense l'interlocuteur à ce moment là.

SACHEZ RELANCER VOTRE INTERLOCUTEUR

On appelle relances des signes verbaux ou gestuels donnant le sentiment qu'on écoute : hochements de tête, oui-oui, etc. et qui sont classiques dans les entretiens.

Un certain nombre de relances sont utilisées pour que l'autre en dise plus. Cependant soyez prudent, car dans l'entretien de recrutement, c'est le recruteur qui mène la danse. Il est donc hors de question de le brusquer. S'il se tait c'est peut-être qu'il ne **veut** pas en dire plus.

INTERPRÉTEZ L'INFORMATION DONNÉE

Toute information peut être lue à plusieurs niveaux. Si je dis, par exemple, : « *Les feuilles tombent* », je peux l'entendre comme :.

-    une information physique : en tant qu'objets soumis à

l'attraction terrestre, les feuilles tombent ;

- une information temporelle : c'est le début de l'automne ;

- une information poétique : tel un poème japonais, cette phrase peut éveiller en moi un monde d'émotions, de sentiments, de souvenirs, etc.

Ces différents niveaux sont plus ou moins importants. Généralement, le système implicite de référence limite leur signification à une ou deux . Cette limite est souvent nécessaire : elle est parfois dommageable. Devant toute information, il est bon de se demander quels sont tous les niveaux auxquels elle peut prendre un sens.

- Une information peut dire autre chose que ce qu'elle semble dire. Le décodage peut en être difficile ou périlleux. Il est cependant bon de toujours se poser la question : quel est le sens caché de tel acte, de telle information ?

- Une information peut en cacher une autre ou veut en cacher une autre. Souvent, les bêtises faites par un enfant ne le sont ni par méchanceté, ni par vengeance, mais bien pour attirer un surplus d'affection. Punir ne servira donc à rien, au contraire.

- Une information peut s'accompagner d'une information plus importante. Par exemple, la mimique qui accompagne une phrase est souvent plus importante pour comprendre le sens profond de ce qui est dit, que ce qui est dit textuellement. Les lapsus ont souvent plus de sens que les phrases prononcées.

- Une information a du sens à (au moins) trois niveaux :

l'immédiat, le textuel, les mots dans leur sens usuel.

l'affectif. C'est l'ensemble des sentiments ou émotions qui accompagnent le discours chez l'émetteur, ou que l'émetteur veut faire naître chez l'auditeur.

le politique C'est-à-dire les objectifs réels poursuivis par le discours et qui ne sont pas forcément ceux qui sont avoués.

Comment interpréter ?

Interpréter est une activité délicate qui peut être source d'erreurs, mais ne pas interpréter, c'est se priver de beaucoup d'informations !

On peut au moins se poser quelques questions.

L'information est-elle complète ou incomplète ? Y a-t-il sélection d'information ? Les raisons de cette sélection sont-elles données ?

Les sources sont-elles citées ? Y a-t-il orientation systématique de ces sources ? De quoi peut-on déduire cette orientation ?

L'information donnée est-elle traitée : chiffres, diagrammes, statistiques ? Indique-t-on comment et pourquoi, ces traitements ont été faits ? L'information chiffrée est-elle interprétée ? Sinon, pourquoi ?

Est-on noyé sous l'information ? Quel objectif poursuit cette avalanche ?

Y a-t-il des fautes de logique ? De quel ordre ? Y a-t-il des contradictions entre différents choses dites.

Que peut-on deviner des sentiments, émotions de celui qui écrit ? Quels sentiments ou émotions semble-t-il vouloir susciter chez l'auditeur ? Comment ?

Quel est le système de valeurs (morales, politiques, économiques) qui est véhiculé ? Le système est-il clairement indiqué ? Semble-t-on le cacher ?

Y a-t-il des accidents dans le discours : lapsus, hésitations, silences… ? Ils signifient qu'il se passe quelque chose (mais il est souvent difficile de dire quoi !).

Autant que possible, dans les cas douteux, votre interprétation personnelle devra être recoupée avec des éléments extérieurs.

L'attitude durant l'entretien

L'attitude psychologique

Soyez à l'écoute, ouvert, positif, factuel.

A l'écoute :

Écoutez vraiment ce que l'on vous dit.

Tenez-en compte et intégrez-le.

Montrez que vous écoutez : regardez votre interlocuteur.

N'hésitez pas à faire répéter un point délicat.

Ouvert :

Ne discutez pas. Éventuellement, négociez.

Montrez que vous êtes prêt à examiner des possibilités que vous n'aviez pas envisagées au premier abord.

Modifiez vos positions si nécessaire (c'est à dire si l'autre le pense nécessaire.)

Positif.

Ne critiquez pas.

Voyez le bon côté de chaque chose et montrez que vous le voyez.

Factuel :

Avancez des faits, non des hypothèses.

Chiffrez vos dires.

Appuyez vos propositions de méthodes d'action : planning, etc.

L'attitude physique

- Soyez détendu ou donnez en l'impression. Il

n'est pas sûr que vous arriviez à être vraiment détendu psychiquement : l'enjeu est d'importance. Mais soyez physiquement détendu, cela vous aidera dans votre for intérieur.

Calez-vous dans votre chaise ou votre fauteuil : ne vous asseyez pas trop en avant de votre siège.

Ayez des gestes suffisamment amples : ni étriqués et répétitifs, ni excessifs (en tout cas au nord de la Loire !).

Posez votre voix. Ne criez pas, mais ne murmurez pas.

- Restez sur votre territoire.

Ne rapprochez pas votre chaise du bureau ou du siège de votre interlocuteur.

Ne jetez pas les yeux sur les papiers qui sont sur le bureau de votre interlocuteur.

Ne posez rien sur son bureau : c'est le sien, pas le vôtre.

Mesurez vos gestes à la distance qui vous sépare de votre interlocuteur.

Si votre interlocuteur quitte son bureau, restez assis.

Si l'on vous offre un café, refusez-le aimablement. La situation est suffisamment compliquée pour ne pas y ajouter la gestion de la tasse et de la petite cuillère.

Soyez très discret avec la secrétaire, même si vous avez le coup de foudre !

Deux cas particuliers

Faire face à un groupe de plusieurs recruteurs

La difficulté, ici, est dans le ciblage des réponses, puisqu'il n'est pas sûr que tous vos interlocuteurs aient la même psychologie.

A défaut d'un ciblage précis et donc de réponses totalement satisfaisantes pour chacun, il faut tenter de satisfaire tous vos interlocuteurs par d'autres moyens.

Un de ces moyens sera de montrer de l'attention à chacun en regardant celui qui pose des questions pendant qu'il les pose, et en regardant chacun des interlocuteurs pendant que vous formulez votre réponse.

Un autre sera d'éviter des réponses trop longues, qui pourraient frustrer les recruteurs qui n'ont pas posé la question (la nature humaine étant ce qu'elle est, une certaine compétition existe même dans un groupe de recruteurs !)

L'entretien collectif

C'est une situation fréquente dans certains recrutements où l'on recherche des candidats manifestant des aptitudes au leadership ou une certaine capacité à s'imposer ou une certaine "agressivité".

Selon les cas, les recruteurs proposeront un thème de discussion, ou non ; donneront une méthode ou non, vous donneront un temps limité ou non.

Ce type d'entretien obéit à deux règles assez contradictoires : s'imposer tout en écoutant les autres.

Imposez-vous

Il va de soi que quelqu'un qui prendrait à peine la parole serait rapidement éliminé. Il faut donc parler à tout le moins autant que les autres.

Comment s'imposer ?.

- En proposant un thème de discussion si les recruteurs ne l'ont pas fait ;

- En proposant une méthode de discussion ou d'analyse ;

- En organisant la prise de parole des autres, par exemple en donnant la parole à eux qui paraissent vouloir la prendre ou même en donnant la parole à ceux qui se taisent.

- En amenant une conclusion soit personnelle, soit collective.

En effet, les membres du groupe seront assez mal à l'aise dans une situation difficile, le travail en groupe et qui plus est dans le stress d'une compétition pour le recrutement. Toute organisation proposée non agressivement et sans donner l'impression de tirer la couverture à soi, sera probablement acceptée car elle réduira l'anxiété.

Vous serez naturellement le leader du groupe,.

non pas en voulant l'être artificiellement,.

mais en aidant le groupe.

Écoutez et montrez que vous écoutez

Sauf exception (cela dépend du poste), on demande un leadership coopératif, au moins en apparence (Il faut que les collaborateurs aient cette impression).

Vous devez donc donner l'impression que vous écoutez, ce qui suppose d'ailleurs que vous écoutiez réellement, et que vous teniez compte de ce qui est dit, même si vous n'êtes absolument pas convaincu.

Pour montrer qu'on écoute, il faut :.

- donner la parole ;

- ne couper quelqu'un qui parle qu'en s'excusant ;

- reprendre les mots ou les idées des autres dans ce que l'on dit, en notant que cela a été dit par quelqu'un d'autre.

A éviter :

- un ton agressif ;

- la critique systématique de ce qui disent ou proposent les autres ;

- le silence obstiné ;

- l'attitude velléitaire : commencer une phrase et ne pas la finir ; faire une proposition et ne pas organiser sa mise en œuvre, etc.

- confondre le fonds et la forme. Sauf exception, on vous jugera moins sur la pertinence de vos idées que sur votre capacité à travailler en groupe et à en être le leader.

.

Quelques conseils

Asseyez-vous au centre

Le plus souvent des tables sont disposées en fer à cheval face à un jury. Essayez de vous asseoir au centre. En effet, des expériences de psychosociologie ont montré que passait pour leader celui qui centralisait et redistribuait de l'information. C'est plus facile si l'on est au centre du groupe.

Parlez en premier

Vous passerez pour leader surtout si votre entrée en matière est constructive : par exemple, proposer un tour de table.

Ne coupez pas si quelqu'un est plus rapide que vous. Si sa proposition est constructive, appuyez-la ; sinon ouvrez une alternative à la proposition faite.

Faites parler les autres

Vos passerez pour coopératif !.

Rappelez les impératifs horaires

Vous passerez pour organisé et organisateur.

Concluez

Vous passerez également pour organisé et organisateur.

La préparation de dernier moment

La préparation mentale

Un entretien de recrutement est une opération difficile à laquelle il est bon de se préparer. Il est sage de bannir (sauf raison médicale) les excitants ou les euphorisants qui pourraient diminuer votre maîtrise de vous-même. L'alcool est à bannir absolument car son odeur est tenace. Il ne faut pas abuser non plus du café... pour ne pas être obligé d'aller aux toilettes.

Au-delà de ces prescriptions négatives, il faut une préparation positive qui vous permette :.

d'être en possession de tous vos moyens intellectuels ;

de vous sentir dynamique et positif ;

d'avoir confiance en vous ;

de vous préparer à un éventuel échec pour ne pas vous laisser abattre s'il se produit.

Tous les moyens sont bons, du moment qu'ils vous mettent dans un ETAT POSITIF.

La préparation matérielle

LIEU ET HORAIRE.

Il serait du plus mauvais effet d'arriver en retard. On en déduirait que vous êtes mal organisé, peu fiable, etc..

Certaines entreprises situées dans certaines banlieues ou des zones industrielles sont plus ou moins difficiles d'accès. Par ailleurs, hors des rues urbaines la signalisation est peu utilisable si l'on n'a pas l'habitude. Il est donc prudent de prévoir large quant au temps de transport.

Il est également prudent de se renseigner très précisément quant à la localisation de l'entreprise.

DOCUMENTS.

Ils doivent être préparés à l'avance pour ne pas vous obliger à des recherches fébriles de dernier moment.

Ils doivent être complets. Il est sage d'en prévoir plus que nécessaire plutôt que de manquer d'un document intéressant lors de l'entretien.

L'HABILLEMENT.

Classique !.

LE LOOK.

En rapport avec les habitudes de la profession. Pas de modifications de dernière minute qui seraient peu en rapport avec vos habitudes et vous rendraient moins naturel.

Après l'entretien.

Remerciez la personne qui vous a reçue

La courtoisie, mais aussi l'intérêt, commandent d'envoyer un bref mot de remerciements à la personne qui vous a fait passer un entretien.

Cela lui fera souvenir de vous.

Quelques mots suffisent et à la limite une carte de visite fera l'affaire.

Évaluez l'entretien

C'est évaluer votre performance globalement et en détail.

Globalement pour évaluer vos chances de passer un autre entretien ou la probabilité d'être embauché.

En détail, en vous souvenant des questions posées et des réponses que vous avez faites. Soyez critique et imaginez le cas échéant de meilleures réponses. Il y aura d'autres entretiens. Chacun doit vous servir d'entraînement pour améliorer votre performance

Prenez des notes sur l'entreprise qui vous a reçu

Constituez une fiche sur cette entreprise. Même si elle ne vous embauche pas immédiatement, elle peut s'intéresser à vous par la suite. Ces notes vous seront alors très utiles.

Évaluez les entreprises ciblées

Lorsque vous êtes candidat potentiel à un poste donné dans une entreprise donnée, il n'y a aucune raison de ne pas faire subir à l'entreprise l'examen qu'elle-même vous fera subir. Mais une fois de plus, la relation est déséquilibrée. Certes, lors de l'entretien vous pourrez poser des questions mais le temps, la politesse, la complexité des données vous empêcheront d'obtenir des réponses fouillées Et l'essentiel du temps sera consacré à des questions du recruteur.

Il est évidemment plus difficile de rassembler une information fiable sur une entreprise qui propose un poste que sur celle dans laquelle on travaille. Mais il est tout aussi important, sinon plus, d'évaluer correctement une entreprise dans laquelle on envisage d'entrer parce qu'elle offre un poste qui convient. Changer d'entreprise n'a de sens que s'il amène une amélioration et du poste et de l'entreprise. Et si c'est un premier poste, inutile de faire une expérience malheureuse.

Il est fort probable que vous ne disposerez pas de chiffres utilisables. Si l'on vous donne des chiffres, vous ne saurez parfois qu'en faire car ces chiffres n'ont de sens que par rapport à d'autres chiffres dont vous ne disposerez pas. Il faudra donc vous en tenir le plus souvent à des appréciations qualitatives.

L'information

Les sources d'information

Elles sont très diverses, et aucune ne donne toute l'information nécessaire. Il faudra donc les additionner et les recouper.

Informations légales :

Chambres de Commerce et d'Industrie

Tribunaux de Commerce

Informations données par l'entreprise :

Le site Internet de l'entreprise ;

Les forums Etudiants – Entreprises où les entreprises se présentent.

Informations critiques :

Les sites Internet où des employés parlent de leur entreprise ;

Les syndicats ;

Les anciens de votre Ecole ou Université en place dans cette entreprise.

Informations à décrypter :

La petite annonce.

Informations précisant les autres :

Le premier entretien de recrutement.

L'information donnée : la petite annonce

Les petites annonces sont une source importante dans la recherche d'emplois. Mais elles doivent être interprétées, car il est inutile de dépenser temps, argent et énergie pour une entreprise sans intérêt ou un poste ne correspondant pas vraiment à votre potentiel.

La plupart des petites annonces embellissent sinon maquillent les postes qu'elles offrent et l'entreprise qui les propose. Il est donc nécessaire, sauf s'il s'agit d'entreprises connues d'être critique pour appréhender la valeur de l'entreprise.

Un certain nombre donne un description du poste satisfaisante.

« DIRECTEUR FINANCER ET COMPTABLE. RESPONSABLE DE LA GESTION FINANCIÈRE ET COMPTABLE, IL ANIME ET ENCADRE LES COLLABORATEURS DE SA DIRECTION ET A EN CHARGE : LA GESTION FINANCIÈRE PRÉVISIONNELLE, LE SUIVI ET LE CONTRÔLE DU

BUDGET, LA COMPTABILITÉ GÉNÉRALE ET ANALYTIQUE, LE CONTRÔLE DE GESTION ET L'ANALYSE FINANCIÈRE, LE REPORTING SOCIÉTÉ GROUPE, LA FISCALITÉ, LES ÉTUDES FINANCIÈRES, LA GESTION ACTIVE DU PASSIF ET DE LA TRÉSORERIE, LA GESTION DE L'INFORMATIQUE.

AGÉ DE + DE 30 ANS, DE FORMATION SUPÉRIEURE TYPE DECF, PREMIÈRE EXPÉRIENCE... »

C'est assez précis et l'on sait tout de suite si l'on est apte à tenir le poste.

« CHEF DE PROJET SUPPLY CHAIN.

GROUPE CHIMISTE AMÉRICAIN PRÉSENT DANS LE MODE ENTIER, NOUS PRÉPARONS LE CHALLENGE DU E-COMMERCE ET METTONS EN PLACE UN SYSTÈME D'INFORMATION GLOABLE..

RATTACHÉ AU DIRECTEUR INFORMATIQUE EUROPE, VOUS PRENDREZ EN CAHRGE LA GESTION DU PORJET SUPPLY CHAIN PLANNING, AVEC UN OBJECTIF DE...

VOUS AVEZ TRENTE ANS ENVIRON, UNE FORMATION SUPÉRIEURE DE TYPE INGÉNIUER...

VOUS ÊTES AUTONOME, ADAPTABLE, BON NÉGOCIATEUR... »

Ici aussi les précisions sont suffisantes.

D'autres sont suffisamment grossières pour attirer immédiatement l'attention.

« CABINET - CONSEIL EN RESSOURCES HUMAINES RECHERCHE CONSULTANT - REPRENEUR H/F, POUR POURSUIVRE AVEC DES ENTREPRISES DE [...], UNE COLLABORATION BASÉE DEPUIS 25 ANS, SUR LA COMPÉTENCE, LA DROITURE ET LE SENS DU SERVICE. »

Il est à craindre que cette société n'ait pas grand chose à proposer, si elle propose de la "droiture", qualité qui devrait aller de soi pour un cabinet - conseil.

« Groupe immobilier D**** recrute pour secteur Vallée de *** Négociateur(trice) confirmé(e) 30 ans minimum, véhicule indispensable. Statut VRP. Fixe sur avance commission. Téléphoner à *** »

Le « Fixe sur avance commission » veut dire probablement que si votre commission est inférieure au fixe, vous ne toucherez que cela. Entre temps, vous aurez assuré les frais de votre véhicule

« Recherche Directeirs(trices) en * communication * formation - Faibles investissements - Formation assurée - Revenus confortables -.Téléphoner au ** ** ** **. »

Ce qui veut dire que c'est à vous de financer votre poste.

Certaines relèvent de la flatterie.

« Votre patron vous adore... C'est le moment de lui faire de la peine. »

En le quittant évidemment !

D'autres relèvent de la publicité. Le problème est donc de ne pas se laisser prendre à des promesses qui « n'engagent que celui qui les reçoit ».

« Un avenir à conquérir ensemble... »

« La diversité des hommes et des expertises, c'est une réalité du ***. C'est aussi et surtout son efficacité ! Nous avons compris depuis longtemps que la passion, la réactivité et la rigueur de chacun sont la source de notre richesse. »

Cela n'apporte aucune information utile.

« Développez, intégrez ou mettez en œuvre de nouveaux systèmes d'information et accompagnez les entreprises dans le virage du Net. Le monde virtuel existe, inventez-le avec nous. »

On retrouve les approximations publicitaires. Si le monde virtuel existe, il n'est plus à inventer ! A perfectionner peut-être.

« GROUPE ***. NOS RECRUTONS PLUS DE 100 INFORMATICIENS. SERVICES ET INGÉNIERIE INFORMATIQUES. 450 PERSONNES. 250 MF. »
La croissance est une excellent chose, mais augmenter son personnel de 25% d'un coup, risque de poser des problèmes d'intégration.

« SI L'ODYSSÉE DES GRANDS PROJETS TECHNOLOGIQUES VOUS PASSIONNÉ, REJOIGNEZ DÈS MAINTENANT NOS ÉQUIPES. »
De deux choses l'une. Ou le rédacteur de cette annonce est ignare et l'entreprise est peut-être intéressante. Ou il a un minimum de culture et il sait que l'Odyssée, c'est d'abord le récit des malheurs d'Ulysse rentrant dans ses foyers. Si les « grands projets » cachent des Polyphème [3] ou des Circé [4], gare !

« DEMAIN, VOUS SEREZ FIER DE LA FAÇON DONT VOTRE BANQUE GÈRE VOTRE CARRIÈRE. »
Mais non, vous en serez peut-être heureux. C'est la banque qui sera, peut-être, fière !

D'autres doivent être interprétées.

« MANAGER DE TALENT, VOUS ANIMEZ VOTRE ÉQUIPE AVEC LE

3

Cyclope à l'œil unique qui retint Ulysse prisonnier.

4

Célèbre magicienne, fille du Soleil, changea les compagnons d'Ulysse en animaux.

SOUCI CONSTANT DE VALORISER LES RESSOURCES HUMAINES EN
VUE D'OPTIMISER LA PRODUCTION COMMERCIALE. »
Seul le résultat compte. Evidemment, si les « Ressources
humaines » se rebiffent, ce sera de votre faute.

On voit que beaucoup de petites annonces ne donnent pas une
information intéressante et utilisable. Beaucoup se rapprochent
de la publicité en jouant sur des fantasmes des candidats, mais
elles n'engagent l'entreprise sur rien de précis.

Par ailleurs, certaines petites annonces laissent apercevoir les
techniques de recrutement utilisées.
« MERCI D'ADRESSER VOTRE CV, LETTRE MANUSCRITE, PHOTO
SOUS RÉFÉRENCE... »
Le poste proposé est celui de Directeur Administratif et
Financier, poste dans lequel la présentation physique est assez
secondaire. La photo risque de servir à quelque morpho-
psychologie au caractère scientifique tout à fait aléatoire. La
lettre manuscrite, elle, est pour la graphologie, non moins
aléatoire. Cela ne signifie pas que le poste n'est pas intéressant,
mais si vous n'êtes pas recruté, cela ne voudra rien dire quant à
vos capacités.

L'information à rechercher

Selon la taille de l'entreprise

La taille de l'entreprise influe sur l'information clé à
rechercher.
Les grandes entreprises sont généralement suffisamment
solides pour que vous n'ayez pas à vous préoccuper de leur
CA, bénéfice, etc. C'est donc sur le poste qu'elles auront
tendance à embellir qu'il faut concentrer votre recherche
d'information. Quant à l'entreprise elle-même, seul le point de

savoir si elle peut être rachetée, et donc sujette à restructurations, peut vous préoccuper.

Vis à vis des PME, l'offre de poste sera précise parce que l'entreprise ne recrute qu'en cas de besoin précis. En revanche, l'entreprise s'embellira elle-même pour vous séduire. C'est donc sur elle qu'il faudra effectuer une recherche d'information plus poussée. Qualités du produit, taille et croissance du marché, solidité financière sont des points capitaux. De même, l'âge du PDG, sa succession sont des points importants, beaucoup de PME ayant des difficultés quand le patron se retire.

Selon le secteur

Il peut être envisagé de deux façons. Selon son retentissement sur votre travail et selon sa pérennité et son caractère porteur pour votre carrière.

Certains postes sont assez indépendants du secteur. Que vous soyez comptable dans la haute couture ou dans la métallurgie, ne changera pas fondamentalement votre travail. D'autres lui sont très liés. Vendre de la micro-informatique n'a pas grand chose à voir avec vendre de l'immobilier.

Certains secteurs sont stables, d'autres ont des activités cycliques. Certains sont en déclin, d'autres ont de l'avenir. L'intérêt du poste doit à tout le moins compenser ce que le secteur peut avoir de difficile. D'autre part, sur un même secteur, par exemple en déclin, certaines entreprises, plus innovantes, peuvent faire exception.

Selon le type d'entreprise

Certaines entreprises sont plus difficiles à appréhender que d'autres. Dans l'industrie, on peut plus facilement connaître le produit, le marché, la valeur en Bourse, etc. Dans d'autres activités, telles le conseil, le caractère immatériel du produit rend les choses plus délicates, car l'innovation, point clé du succès, est difficile à saisir. Restent le nombre d'employés, le caractère plus ou moins international, la réputation, la réussite qui appelle la réussite !

La vérification de l'information lors de l'entretien

Lors du premier entretien de recrutement, c'est essentiellement l'entreprise qui recherchera si vous êtes un candidat suffisamment intéressant pour continuer avec vous. Car si vous êtes là, c'est qu'*a priori* l'entreprise vous intéresse et donc que vous disposez déjà d'une certaine information.

Lors des entretiens suivants, l'on affinera la définition de votre fonction, et les moyens dont vous disposerez pour atteindre les objectifs fixés. L'on envisagera aussi éventuellement la suite de votre carrière, les formations que vous pourrez suivre, les poste auxquels vous pourrez prétendre. Vous aurez alors l'occasion de mieux connaître l'entreprise, car il paraîtra naturel que vous élargissiez vos questions à l'environnement de votre poste et donc à l'entreprise.

Reportez-vous à ce qui est dit dans les pages précédentes sur la conduite de l'entretien de recrutement.

L'évaluation

Avant de signer votre contrat, vous pourrez reporter ci-dessous les informations recueillies. N'hésitez pas à développer cette grille en fonction de l'entreprise du poste et de vos préférences.

Il va de soi que cette évaluation doit tenir compte de votre situation. S'il s'agit d'un premier emploi, éventuellement en CDD, vous serez moins critique, car ce qui compte c'est d'enrichir votre CV et de pouvoir ensuite alléguer une certaine expérience. Si vous êtes au milieu de votre vie professionnelle, vous serez beaucoup plus exigeant, car vous ne pouvez plus vous permettre un demi-succès.

Aspects généraux	Caractéristiques pour l'entreprise (+ ? -)	Votre pondération
Pérennité de la structure		
Entreprise en expansion		
Internationalisation		
Marché en expansion		
Produits innovants		
Concurrence normale		
Leader sur certains marchés		
Aspects spécifiques au poste		
Ambiance de travail		
Quantité de travail		
Epanouissement dans le travail		
Apprentissage par le travail		
Caractère stressant du travail		
Contraintes du poste		
Evolution du salaire		
Possibilités de promotion		
Possibilités à l'international		

Ce tableau peut être utilisé à trois moments.

Avant même de solliciter un entretien, il vous permettra de savoir si vos informations sont suffisamment bonnes pour qu'il vaille la peine de demander cet entretien.

Avant l'entretien, il vous permettra de savoir quelles questions vous devez poser pour avoir une information suffisante.

Après l'entretien pour savoir s'il vaut la peine de continuer avec cette entreprise.

Conclusion

« Il y a de bons mariages,
il n'y en a point de
délicieux. »
La Rochefoucauld

Il n'y a encore que cinquante ans, on ne quittait guère plus une entreprise qu'on ne quittait son foyer. En cas de crise, on chômait mais on était rarement licencié, du moins dans la France profonde. Il y eut les trente glorieuses, puis trente ans de crises et des millions de chômeurs. Trouver ou retrouver du travail a été la hantise de ces dernières années. Et tout cela sous contrainte et non par choix.

Il n'y a plus guère que dans les administrations que l'on fait carrière à vie. Encore faut-il avoir le mérite (ou le chance !) d'avoir été reçu à un concours et d'être titulaire. Et c'est seulement dans certaines administrations que l'on peut retrouver le poste dont on a été détaché.

L'on considère désormais qu'une carrière s'effectue dans plusieurs entreprises, avec éventuellement des périodes intermédiaires, plus ou moins longues, de recherche d'emploi Mais si changer d'entreprise est parfois une nécessité, il serait souhaitable que ce soit de plus en plus un choix, effectué au bon moment, sans pression excessive, et en mettant le maximum d'atouts de son côté.

Certes, comme dans tout jeu, il y a la donne. Et il y a la façon de tirer parti de cette donne. Et ce qui caractérise les bons joueurs, c'est qu'ils savent maximiser ce que le hasard leur a donné. Ici, il ne s'agit pas de jeu. Mais quel que soit votre passé, plus ou moins facile, plus ou moins heureux, vous pouvez maximiser ce que la vie vous a donné. Car vous êtes deux dans cette affaire, vous et votre employeur. Quelles que soient vos caractéristiques, vous pouvez maximiser l'utilité de l'employeur en recherchant l'entreprise dans laquelle vous vous épanouirez, étant entendu que tout travail est difficile et qu'aucune entreprise n'est parfaite.

De plus, rechercher un nouveau poste sera souvent interprété comme la preuve que vous êtes dynamique, que vous savez prendre des initiatives, que vous savez vous battre, etc. Ce sera déjà un point à votre actif. Et il vaut mieux se battre pour un nouvel emploi que se battre pour conserver une fonction dans laquelle on est mal à l'aise.

Il ne faut certes pas non plus partir sur un coup de tête ou pour la beauté du geste. On vous aurait vite oublié, les cimetières étant, dit-on, remplis de gens indispensables.

Cependant, la conclusion à tirer du travail que vous venez d'effectuer, vous appartient à vous seul. Vous seul pouvez prendre une décision. Vous seul pouvez mettre en œuvre les moyens de la réaliser. Vous seul pouvez assumer les conséquences du risque pris. Mais ce sera aussi vous qui récolterez les fruits de votre initiative.

Table des matières